用對方法,學習事半功倍!

像學霸一樣讀書

Study Like a Champ

The Psychology-Based Guide to
"Grade A" Study Habits

結合心理學與認知科學,10大高效學習全攻略,
讓你顧好成績、社交與睡眠,養成一輩子受用的學習習慣

瑞根・古倫博士　　約翰・鄧洛斯基博士
Regan A. R. Gurung, PhD　　John Dunlosky, PhD
著

洪慧芳
譯

謹獻給所有面對學習的複雜性、努力求進步，
並在面對挑戰時持續保持前進動力的莘莘學子。
願心理科學的工具助你們攀上學習的巔峰。

目次
CONTENTS

序言
為什麼你真的該關注這本書的內容 009

PART I
基本心法

第1章
你以為你在學習，但其實……

等等！「知道感」是什麼？ 019
你也有這些常見的學習迷思嗎？ 026
「後設認知」，學霸都在用的超能力 034
想拿高分？50%的答案藏在你的讀書習慣裡 036
用對方法，真的成績會變好嗎？ 041

策略歸納 043

第2章
第一要務：規劃！

「了解自己」，是像高手一樣學習的關鍵 052

自我調節能力，決定你的學習力 ································ **057**
測驗看看，你的「後設認知」能力 ···························· **063**
進課堂一探究竟：75%學生錯過的學習寶藏 ··············· **068**
盤點你的時間，拿回學習與生活的掌控權 ·················· **072**

> **策略歸納** ·· 079

第3章
做好筆記，重點全記

你以為你在做筆記，但其實沒有 ······························· **089**
手寫？打字？哪一種筆記方式好 ······························· **091**
好的筆記，是備考的重要利器 ··································· **096**
哪些因素，有助於你把筆記做好？ ···························· **098**
R3筆記法，幫你整理思緒的強效工具 ························ **101**

> **策略歸納** ·· 112

PART II
必備策略

第4章
用「間隔練習」，記更牢、考更好

會間隔練習，學習效果大大升級 ······························· **121**
間隔練習的威力，百年研究告訴你 ···························· **125**

300多位學生實測！把讀書時段隔開，考試成績更好 129
如何善用間隔練習？⋯⋯⋯⋯⋯⋯⋯⋯⋯⋯⋯⋯⋯⋯ 131
4大步驟，最大化間隔練習的成效⋯⋯⋯⋯⋯⋯⋯⋯ 133
記得獎勵自己！⋯⋯⋯⋯⋯⋯⋯⋯⋯⋯⋯⋯⋯⋯⋯⋯ 140
策略歸納 ⋯⋯⋯⋯⋯⋯⋯⋯⋯⋯⋯⋯⋯⋯⋯⋯⋯⋯ 140

第5章

用「提取練習」，告別死記硬背

什麼是提取練習？⋯⋯⋯⋯⋯⋯⋯⋯⋯⋯⋯⋯⋯⋯⋯ 146
兩大關鍵：一是提取，二是練習⋯⋯⋯⋯⋯⋯⋯⋯⋯ 147
想一想，你多常做提取練習？⋯⋯⋯⋯⋯⋯⋯⋯⋯⋯ 150
當我們說提取練習「有效」，究竟是什麼意思？⋯⋯ 151
高分背後的科學證據⋯⋯⋯⋯⋯⋯⋯⋯⋯⋯⋯⋯⋯⋯ 155
做好這三件事，掌握強大的讀書技巧⋯⋯⋯⋯⋯⋯⋯ 158
用對方法，再難的內容也能輕鬆記起來！⋯⋯⋯⋯⋯ 167
策略歸納 ⋯⋯⋯⋯⋯⋯⋯⋯⋯⋯⋯⋯⋯⋯⋯⋯⋯⋯ 169

第6章

3大解題策略，戰勝各種難題

策略1：交錯練習，讓你更會解題⋯⋯⋯⋯⋯⋯⋯⋯ 176
為什麼交錯練習能提升學習效果與成績？⋯⋯⋯⋯⋯ 177

混合不同類型的題目，很重要 ················· 181
策略2：提出問題，然後向自己解釋答案 ········ 182
為什麼自我解釋可以提升你對內容的了解？ ······ 183
善用訣竅，發揮自我解釋的最大效用 ··········· 187
策略3：活用解題範例，解題不再靠運氣 ········ 190
為什麼研究解題範例，比直接解題更有效？ ····· 195
從「跟著解」到「自己會」，打造解題硬實力 ···· 197

策略歸納 ································· 198

第 7 章
4 大學習輔助策略，用對才有效

如何「畫重點」，提升學習成效？ ············· 205
「重讀」，能提高你了解及記住內容的機率？ ···· 207
「摘要法」要有效，前提是⋯⋯ ················ 211
運用「圖像輔助學習法」的最佳時機 ··········· 213

策略歸納 ································· 218

第 8 章
學習策略這樣搭，發揮 1+1>2 的成效

策略歸納 ································· 229

PART III
課堂之外

第 9 章
顧好情感、行為、認知,讓你會玩又會讀書

健康不是二分法,而是「連續狀態」 239
睡得好,才學得好 240
在壓力爆表之前,就先開始注意你的壓力 243
社會支持,最值得培養的力量 247
3 招練習正念,獲得成功所需的專注力! 249
吃得健康,對學習很重要 259
讀書計畫中,一定要加入「運動」 261
酒精,不利於學習 263

策略歸納 265

附錄
學霸讀書技巧大補帖 268
詞彙表 273
參考文獻 277

序言

為什麼你真的該關注這本書的內容

　　你想知道最有效的學習方法嗎？這本書正適合你。

　　本書為你解答那個大家常問的問題：「我該怎麼做才能拿高分？」我們把多年來有關學習機制及最佳學習策略的心理學研究成果，轉化為淺顯易懂又實用的建議，最重要的是還要容易執行。但這只是開始，精彩的還在後頭。

　　我們一直在觀察並聆聽學生如何改進學習方法，結果發現，即使他們讀了許多有關讀書方法的書籍，但成績依然沒有進步。部分原因在於，科學家與教師告訴你該做什麼很容易，但要真正做到，那又是另一回事了。因此，我們深入探討學生難以遵循學習指南的原因，並提出解方。我們也提供證據來佐證這些建

議，讓你不只知道該做什麼，也知道為什麼要這麼做。

此外，我們也會說明，不同類型的學習內容該採用什麼策略最有效。畢竟，每一門課程都不盡相同，在心理學入門課拿高分的方式，可能與電腦課拿高分的方式大不相同。這方面我們會為你詳細說明。

這本指南是由專業的心理學教師撰寫的，他們也親自做過書中建議背後的研究，所以你可以放心閱讀，這是出自專業人士之手。我們兩人共發表過200多篇與本書內容有關的研究論文。我們將帶你一窺這些實驗室與課堂研究的內幕。不過，雖然我們習慣撰寫同儕審查的研究論文，但這本書是專為你這樣的學生所寫，而不是寫給學術研究人員看的。這本書的目標是幫助每位想要精進學習方法的大學生。

我們發現，許多教師並未花很多時間教導學生如何學習。許多大學教師認為學生在高中或大學入門課程中已經學會了學習技巧，或認為教導學習技巧不是他們的職責。有些教師會提出一些讀書建議（例如「記得分散學習時間」、「別忘了考考自己」），但沒有講清楚確切該怎麼做，也不會特別獎勵好的讀書習

慣。連一些用功的學生也常以為,讀書時間的長短才是最重要的,而不是如何善用那些時間。我們寫這本書就是為了直接解決這些問題:說明如何安排讀書時間,以及坐下來讀書時究竟該做什麼。

我們也希望揭開學習原理背後的認知科學,因此提供課堂驗證過的簡單工具,來幫你培養及維持終身學習的習慣。我們希望你能成為學習高手,所以本書提供了清楚的步驟,教你如何規劃、追蹤、評估自己的學習,並附上容易依循的說明。基本上,我們會先告訴你該做什麼,再說明每個步驟為什麼重要。這不是教科書,而是培養你成為學習高手的訓練手冊。

從求學,到聯手探索如何「學得更好」

我倆曾是西雅圖華盛頓大學的研究生。那時的我們比現在年輕,頭髮長度也與現在大不相同。當時鄧洛斯基似乎還不知道理髮廳是做什麼用的,古倫還記得第一次見到鄧洛斯基的情景:當時鄧洛斯基從他辦

公室前的走廊經過，大步邁向自己的實驗室，但古倫只看到一頭飛舞的亂髮。鄧洛斯基是認知心理學家，古倫是社會心理學家，但我們都很愛探索如何讓人學得更好。研究所畢業後，我們走上不同的路：無論是實際的地理位置，還是研究興趣都截然不同。

時光飛逝，過了多年，我們都成了事業有成的研究員及資深教師。我們注意到，**關於**學習的卓越科學研究很多，但這些研究很少探討如何向學生解釋這些科學知識。有時老師會在課堂上告訴學生該怎麼做，但據我們了解，老師大多把重點放在課程的內容上，而不是指導學生怎麼學習這些內容最好。更何況，許多老師不是認知領域的專家，他們對學習也有一些誤解！

感謝你們，讓「改變學習」得以成真

我們決定採取行動。首先，我們翻閱了市面上各種有關讀書方法的書籍，發現我們確實有一些獨到新穎的觀點可以分享。艾瑞克・蘭德倫（Eric Landrum）

與克莉絲汀·卡東（Christine Cardone）給予我們初期的支持，他們認為我們的提案很棒，並鼓勵我們繼續推進。卡東也看了這些章節的初稿，並提供了寶貴的意見，我們都非常感激。美國心理學會出版社（American Psychological Association Books）的克里斯多福·克拉赫（Christopher Kelaher）很熱情地支持我們，與我們簽約，讓本書迅速問世。貝絲·哈奇（Beth Hatch）是熱心又敏銳的編輯，還有3位審稿者提出重要的建議，幫我們完成最終版本。特別感謝佩琪·赫博多（Paige Herrboldt）為本書繪製了每章結尾的插圖。

我們都受到學生的啟發，也熱愛與他們分享心理學的知識，現在也想分享給你。書中許多例子是來自學生的真實提問、評論、突發奇想。沒錯，我們也從Instagram的迷因及大學生的TikTok影片中獲得了一些靈感。

我們也想特別感謝伴侶的支持，以及鄧洛斯基的愛貓哈基（Haki）與古倫的愛犬阿勝（Katsu）的陪伴。

PART I

基本心法

第 **1** 章

你以為你在學習，
但其實……

本章你會學到：
- 為什麼你對自己的認知可能有誤判。
- 關於學習的主要迷思。
- 預測學習成效的關鍵因素。

想成為學習高手，你只需要參考運動員是如何奪冠的。我們的學生凱拉是體操高手，她也是學業優異的高材生，有GPA滿分4.0的完美成績，是允文允武的典範。你問她是怎麼奪冠的，她會告訴你兩個要素是關鍵：知道該做什麼，然後不斷練習。當然，有優秀的教練也很重要。我們就是來擔任教練的角色，指導你該做什麼。雖然我們不敢自稱優秀（我們很謙虛），但我們不僅多年來指導學生如何學習，也做過相關的研究，探索**如何**成為學習高手。跟著我們學習，你也能成為學習高手。你會確切知道該做什麼，我們會教你怎麼做，你只需要練習就好了。

多數學生剛上大學時，都有固定的讀書方式。畢竟，「讀書」不就是很直截了當的事嗎？你去上課、做筆記、買課本、閱讀、可能再讀一遍，接著複習筆記、製作學習卡，然後在考前一兩天背一背，這樣就準備好了，不是嗎？雖然不是每個學生都會做上述的所有事情，但很多人會這樣做，而且有些人還會採用更多的策略。但這些真的是最好的讀書方法嗎？研究結果說不定會讓你大吃一驚。

請先做好嚇一跳的心理準備。我們知道你可能已

經有喜歡的讀書方法了。畢竟，父母與老師總是告訴你該怎麼讀書。但你的讀書習慣真的好嗎？請繼續讀下去，你會看到答案。我們會分享學習高手愛用的最有效學習法。

在接下來的八章中，我們會為各種學習挑戰提供解方。例如，如何運用學習卡最有效等等。我們的目標是列出學生常用的各種讀書方法，指出哪些方法效果不佳。最重要的是，我們會強調那些真正有效的方法，並詳細說明如何正確地使用它們。

等等！「知道感」是什麼？

你以為你懂得如何讀書？我們來談談「知道感」（Let's FoK about it）。這裡的「FoK about it」不是在罵髒話，而是在玩文字遊戲，一方面暗指「FUGGETABOUT it」（算了吧），另一方面是在玩「談論學習」（Let's talk about it）的雙關語。「知道感」（feeling of knowing，FoK）是一種感覺，它能決定你花多少心力學習，以及是否半途而廢。我們都以為

自己知道怎麼學習，畢竟只要我們有實際採取行動去學習，多少都會看到一點效果。

話說回來，讀書的首要挑戰在於，清楚知道自己懂什麼、不懂什麼。認知科學家稱之為知道感。對於每一門課、每份作業或每個主題，你都會有一個知道感。有時那個知道感很強烈，你深信你真的懂那個課程內容。但很抱歉，你的知道感往往不是判斷你是否真的懂某事的可靠指標。在我們探討主要的學習迷思以前，先來看看你可能已經知道什麼。切記，在接觸新資訊以前，最好先確定你已經知道什麼。

以下是一份研究讀書習慣的調查問卷（Bartoszewski & Gurung, 2015）。

立即開始：評估你的讀書習慣

想一想你覺得最難的一門課程，並根據你學習該課程的方式來回答下列問題。用以下評分來標示你對每個問題的認同程度：**非常不同意=1，不同意=2，有點不同意=3，有點同意=4，非常同意=5。**

一、請思考你閱讀時如何標記重點（畫線／畫重點）：

1. ＿＿＿我會在指定的閱讀內容中畫重點或畫線。
2. ＿＿＿我常在一頁中畫多處重點。
3. ＿＿＿我比較喜歡使用或研讀有人畫過重點的指定閱讀內容。
4. ＿＿＿我會在一週內複習我先前畫的重點。
5. ＿＿＿我覺得在指定的閱讀內容中畫重點很有用。

二、請思考你如何撰寫（不同長度的）內容摘要：

1. ＿＿＿完成指定閱讀後，我會寫下內容摘要。
2. ＿＿＿課後我會寫下課堂的重點摘要。
3. ＿＿＿我是在老師的要求下撰寫課堂摘要或閱讀摘要。
4. ＿＿＿我覺得為最近學到的內容寫摘要很有用。

三、請思考你如何運用關鍵字與心理圖像來聯想文字內容：

1. ＿＿＿我把關鍵字和心理圖像聯想在一起，藉此學習文字內容。
2. ＿＿＿考試時，我運用關鍵字與心理圖像的聯想來回答文字考題。
3. ＿＿＿我覺得用關鍵字與心理圖像的聯想來學習文字內容很有用。

四、請思考你在閱讀或聆聽時，試圖為文字內容形成心理圖像：

1. ＿＿＿我閱讀或聆聽時，會為文字內容形成心理圖像。
2. ＿＿＿考試時，我會回想閱讀或聆聽時所形成的心理圖像。
3. ＿＿＿我覺得在閱讀或聆聽時，為文字內容形成心理圖像很有幫助。

五、請思考你如何重讀已經讀過的文本內容：

1. ＿＿＿我會回頭重讀之前看不懂的內容。

2. ＿＿＿準備考試時，我會重讀指定的閱讀內容。

3. ＿＿＿考試時，我能夠回想起重讀過的內容。

4. ＿＿＿第二次閱讀後，我就能夠了解文本內容了。

5. ＿＿＿我覺得重讀內容很有幫助。

六、請思考你在同一讀書時段中，如何做不同類型的題目，或混合不同種類的學習內容：

1. ＿＿＿我會在同一讀書時段中做不同類型的題目。

2. ＿＿＿我會在同一讀書時段中混合不同種類的學習內容。

3. ＿＿＿我覺得在同一讀書時段中做不同類型的題目很有用。

4. ＿＿＿我覺得在同一讀書時段中學習不同種類的內容很有用。

七、請思考你如何解釋為什麼一個明確陳述的事

實或概念是正確的：

1. ＿＿＿我會解釋為什麼一個直截了當的事實或概念是正確的。
2. ＿＿＿我認為解釋一個直截了當的事實或概念為何正確，有助於我學習那個內容。
3. ＿＿＿我覺得解釋一個直截了當的事實或概念為何正確很有用。

八、請思考你如何把新資訊和已知的資訊連在一起，或解釋你的解題步驟：

1. ＿＿＿我會把新資訊與已知資訊連在一起。
2. ＿＿＿我會解釋解題步驟。
3. ＿＿＿考試時，我能夠回想起我把新資訊與已知資訊連在一起。
4. ＿＿＿考試時，我能夠回想起我採用的解題步驟。
5. ＿＿＿我覺得解釋新資訊與已知資訊的連結很有用。
6. ＿＿＿我覺得解釋解題步驟很有用。
7. ＿＿＿我認為解釋新資訊與已知資訊的連結

有助於我學習內容。

　8. ＿＿＿我認為解釋解題步驟有助於我學習內容。

九、請思考你如何做自我測驗或模擬測試：

　1. ＿＿＿我會在一週內自我測驗課堂所學。

　2. ＿＿＿我會在一週內參加班級小考。

　3. ＿＿＿如果有無限次機會，我會一直重考，直到考到理想分數為止。

　4. ＿＿＿考試時，我通常能夠回想起我做自我測驗或模擬測驗的內容。

　5. ＿＿＿我覺得自我測驗或模擬測驗很有用。

　6. ＿＿＿我認為做自我測驗或模擬測驗，可以提高考試成績。

　7. ＿＿＿我覺得每週的班級小考很有用。

十、請思考你如何把讀書分散到不同的時段：

　1. ＿＿＿我會把讀書分散到不同的時段。

　2. ＿＿＿因為我把讀書分散到好幾週進行，所以考試時，我覺得我已經準備好了。

> 3. ＿＿＿我認為把讀書分散到不同時段，有助於我學習課程內容。
> 4. ＿＿＿我認為把讀書分散到不同時段，可以提高考試成績。
> 5. ＿＿＿我每週至少花1小時讀一門課程。
>
> 評分說明：這份問卷共有十個部分。請為每個部分計算總分，這可以讓你了解你多常使用這十種讀書技巧。在後面的單元中，你會學到哪些技巧對你最有幫助，你可以據此調整使用方式。

你也有這些常見的學習迷思嗎？

在這本書中，我們會指出許多迷思。關鍵是不要讓這些未經證實、甚至是錯誤的學習觀念，妨礙了你的學習。以下是一些最大的迷思（De Bruyckere等人，2015）：

1. 每個人都有不同的學習風格，因此教學或自

習方式應該配合這些風格。
2. 學習效果可以用金字塔圖來表示。
3. 一般人的主要學習管道是非正式的（70%），其次是向他人學習（20%），最後才是從正式教育學習（10%）。
4. 擁有知識並不重要，因為什麼都查得到。
5. 知識就像鮮魚一樣容易腐壞。
6. 「自己發現」比「聽他人解釋」的學習效果更好。
7. 問題導向的教育，是有效的學習方式。
8. 男生先天比女生更擅長數學。
9. 教育中，必須考慮不同類型的智力。
10. 記憶會精確地記錄我們的經歷。

你可能聽過許多以上的迷思，其中最讓教職員感到尷尬不安的是第一個迷思，那或許也是大家對學習的最常見誤解（Weinstein等人，2018）。許多人認為，教學方式符合他們偏好的學習風格時，他們學得更好。例如，如果他們比較喜歡透過視覺或「實作」來學習，他們的老師就應該採用視覺教學或體驗式教

學。然而,研究資料顯示,事實並非如此。帕什勒(Pashler)與同事(2008)綜合分析了這個議題的相關研究,他們的結論是,最佳教學法涵蓋多種風格,學習風格與教學風格的配對其實不重要。下次有人告訴你,他希望老師能用符合其學習風格的方式教學時,你可以分享這個見解。

學習風格的迷思只是冰山一角,還有許多其他的迷思。我們最受不了的第二大迷思,是所謂的**學習金字塔**(learning pyramid,又名cone of learning),如〈圖1.1〉所示。這個模型據說是美國國家訓練實驗室研究所(National Training Laboratories Institute)在1960年代初期開發的,但具體的細節很難考證。雖然社群媒體上常有人分享這個概念,但它其實不準確,而且反映了大家對學習方式的重大誤解。這個圖表毫無事實依據,所以不必理會。

許多把學習金字塔當成指南的教師覺得有壓力,他們擔心講課太多會導致學習效果降低。但首先,請記得,講課可以很精彩,也可以很糟糕。任何技巧或技術都可能使用不當。我們相信你一定聽過一些枯燥乏味的講課,但我們也希望你遇過優秀的講師。事實

上,學習金字塔中的任何技巧都可能運用得宜或運用不當。

儘管主動學習可能有效(Bernstein, 2018),但主動學習有多種形式,例如小組合作、討論解題。這些方式不見得總是有效,有時反而有礙學習。最重要的是,〈圖1.1〉裡的數字不是來自任何扎實的研究。仔細檢視後發現,那些數字只是粗略的估計與猜測(De Bruyckere等人,2015)。所以,不用擔心,即使你沒有機會「教導他人」或「實作」,你的學習也

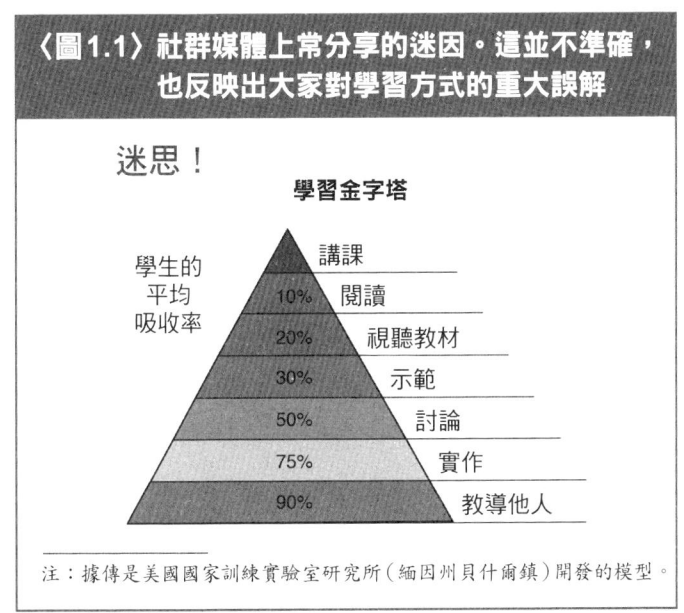

〈圖1.1〉社群媒體上常分享的迷因。這並不準確,也反映出大家對學習方式的重大誤解

注:據傳是美國國家訓練實驗室研究所(緬因州貝什爾鎮)開發的模型。

不會受到影響,雖然在某些情況下「教導他人」和「實作」確實有用。

你不必因為相信前述迷思而自責。事實上,一項研究探索了美國的教師培訓課程,結果顯示,59%的課程完全沒提到以強而有力的認知心理學實驗研究為基礎的重要學習原則（Pomerance等人, 2016）。此外,關於學習的錯誤觀念非常普遍,一些研究者把它們視為都市傳說（De Bruyckere等人, 2015）。在社群媒體上,轉發一張包含錯誤觀念的資訊圖表,比教導學生了解學習的真相來得容易。況且,長度僅限140字的推文能說明多少事情？即使你確實讀了有關教育的研究,你可能還是不知道該相信什麼。為了了解原因,請看〈表1.1〉有關學習有效與無效的摘要。

看到有趣的地方了嗎？即使你不擅長那種找出兩圖差異的遊戲,你應該也發現那兩欄列出的項目一樣。這是因為一項研究可能發現某種方法（例如小組學習）有效,但另一項研究卻得出不同的結果。這正是為什麼你應該對閱讀的內容保持批判態度,並對研究方法有基本的認識。有些類型的研究比較可靠。比

方說，你看到「統合分析」（meta-analysis）這個詞時，應該多加注意，因為統合分析是把許多不同的研究結果綜合在一起，因此是最強而有力的科學證據。〈圖1.2〉展示了科學證據的層級，最強的證據在最上層。

然而，評估研究並非本書的重點。我們已經為你篩選過研究了。我們在本書中提出學習建議時，你可以放心，這些建議都是根據最可靠的研究成果。

〈表1.1〉相互矛盾的結果

根據研究， 以下方法有助於學習	根據研究， 以下方法無助於學習
傳統講課	傳統講課
主動學習	主動學習
服務學習	服務學習
問題導向學習	問題導向學習
小組學習	小組學習
輔導	輔導
合作學習	合作學習
探索式學習	探索式學習
歸納式學習	歸納式學習
範例學習	範例學習
互動式教學法	互動式教學法
有益的難度	有益的難度
以學習者為中心的教學	以學習者為中心的教學
以課程為中心的學習	以課程為中心的學習
線上教學	線上教學
答題器	答題器
PowerPoint簡報	PowerPoint簡報
投影片	投影片
粉筆授課	粉筆授課
機會教育	機會教育
全方位課程設計	全方位課程設計
多元智能	多元智能
Kolb學習風格	Kolb學習風格
寫日誌	寫日誌
反思實踐	反思實踐
交互教學法	交互教學法
深掘式教學法	深掘式教學法

根據研究，以下方法有助於學習	根據研究，以下方法無助於學習
概念圖	概念圖
問題生成	問題生成
膠卷	膠卷
實驗室授課	實驗室授課
短影片	短影片
角色扮演	角色扮演
示範學習法	示範學習法
編序教學法	編序教學法
凱勒教學法	凱勒教學法
技能練習	技能練習
引導式實踐	引導式實踐
協作學習	協作學習
學徒制	學徒制
情境學習	情境學習
真實評量	真實評量
形成性評量	形成性評量
課堂研究技巧	課堂研究技巧
讀書報告	讀書報告
課堂討論	課堂討論
小組討論	小組討論
思考─兩兩討論─分享	思考─兩兩討論─分享
同儕教學	同儕教學
概念測試	概念測試
專家小組	專家小組
腦力激盪	腦力激盪
個案研究	個案研究
學習單	學習單
客座講師	客座講師

注：史蒂芬・周（Steven Chew）版權所有。經許可改編。

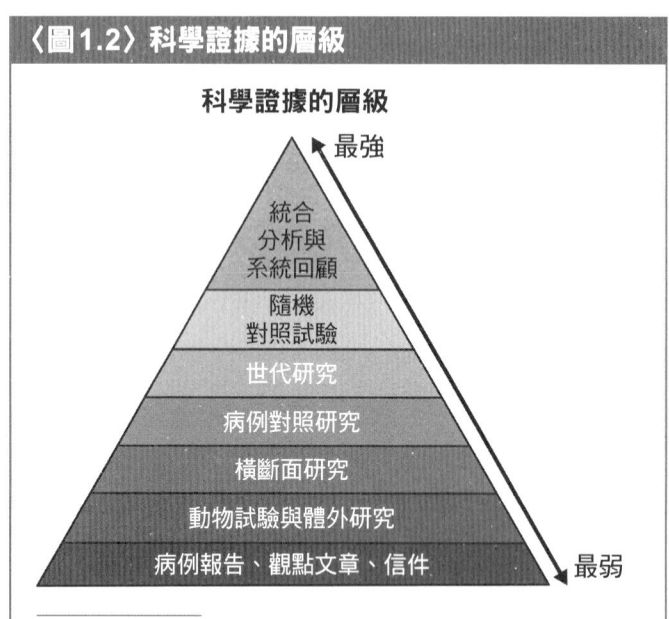

注：摘自 *The Logic of Science*, 2016 (https://thelogicofscience.files.wordpress.com/2016/04/hierarchy-of-evidence-no-not1.png). CC BY-NC.

「後設認知」，學霸都在用的超能力

我們從許多研究得知，若要像學霸一樣學習，你的主要目標是提升**後設認知**能力（metacognition）。後設認知就是思考你的思考方式。當你有意識地檢視自己知道什麼、不知道什麼，並試圖改變思考過程時，你就是在做後設認知。人們對日常活動有各種自

動化的想法與反應。你學習時，會不自覺地使用多年來慣用的策略，不一定會檢視自己在做什麼。人類不見得總是以最有效的方式思考，我們的思考方式往往不太健康。雖然研究人們為什麼會對自己產生偏見、誇大或負面的看法是很有趣的領域，但這些都不是本書要討論的思考類型。有時我們的知道感也會膨脹，這才是我們關注的思考類型。

> 當你有意識地檢視自己知道什麼、不知道什麼，並試圖改變思考過程時，你就是在做後設認知。

1979年約翰・弗拉維爾（John Flavell）首次提出「後設認知」這個詞以來，後設認知一直是認知研究的重要焦點。由於後設認知涉及許多關鍵的功能（例如清楚意識到自己是問題解決者，以及準確判斷自己的學習程度），後設認知研究在認知和教育領域占有重要的地位。當然，你讀本書不是為了學習後設認知研究，但如果你想了解更多的資訊，可以參考鄧洛斯基和羅森（Rawson）（2019）的著作，該書涵蓋

了閱讀、筆記、規劃等方面研究的綜合分析。

在後續的章節中，我們將探討三個與學習及讀書有關的後設認知部分。首先，你需要做好學習**規劃**。第二，你需要**追蹤**學習過程，注意自己知道什麼及不知道什麼。第三，你需要根據你對學習效果的評估來**修改**計畫。像高手一樣學習的主要認知策略，涉及這三個後設認知的元素。此外，知道哪些策略最有效，也是後設認知的一環，因為這涉及你對大腦運作與學習方式的了解。

想拿高分？50%的答案藏在你的讀書習慣裡

研究發現，許多變數會影響學習效果（Komarraju & Nadler, 2013; Robbins等人, 2004）。以下是教育心理學文獻中最常討論的因素（Gurung, 2016）：

- 動機。
- 習慣。

- 能力。
- 努力。
- 自我效能。
- 社會支持。
- 目標。

這些因素並不令人意外。當然，你需要努力、關心自己的學習與成績，而且有目標和良好的讀書習慣。你也要注意自己有積極的心態，包括相信智力是可以改變的，而不是固定的（Dweck, 2007）。雖然這類學習預測因素大多看似顯而易見，但有些因素是大家不常討論的。其中兩個比較令人意外的，是社會支持與自我效能（亦即相信自己能夠完成某事的信念）。許多老師可能不太重視支持與融洽關係的重要，但它們顯然是有效學習的關鍵要素。在蓋洛普—普渡大學（Gallup-Purdue）的一項重要研究中，有3萬多名學生受訪，其中63%的學生表示，至少有一位教授能激起他們對學習的興趣，對他們的學習成效很重要（Gallup, Inc., 2014）。他們也覺得，感受到老師的關心，以及有一位鼓勵他們追求目標和夢想的

導師（或指導者）很重要。

是否還有其他影響學習成效的重要因素，只是它們不像上述因素那樣常被討論？哪些因素才是最重要的？約翰・哈蒂（John Hattie, 2015）仔細分析了6萬5,000多份有關學生成績的研究。這些研究總計涉及了近2億5,000萬名學生。沒錯：250,000,000人。他做了複雜的統合分析，並使用名為「效應值」（effect size）的實用統計指標。這個指標可以讓你清楚知道某個因素的重要程度。效應值越高，該因素越重要（所以，在閱讀研究報告時〔即使是在社群媒體上看〕，這都是一個值得關注的統計指標）。

哈蒂製作了一個表格，列出影響學習的前195個因素。最重要的負面因素（有較低或負的效應值）包括憂鬱及看電視。一些值得肯定的重要因素（有正的效應值）包括教師對學生成績的評估、教師效能、學習技巧、課堂討論。至於班級大小呢？影響不大。單一性別學校、性別或考試類型呢？幾乎沒有影響。等一下！還有更精彩的。

哈蒂接著做了一件為許多人節省許多時間的事情。他把所有研究的資料結合起來，尋找影響學習的

因素的共同分類,目標是找出最能影響學習的因素。哈蒂的研究顯示,預測學習成效的最大因素(近50%),是你的學習方法。其次是看教師的素質(包括教師的作為、培訓、特質),這占學習差異的20%到25%(見〈圖1.3〉)。其餘則可歸因於同儕(5%)、家庭因素(5%)和其他較小的影響因素。對我們來說,最重要的發現是:學習效果有一半,取決於你自己的作為。

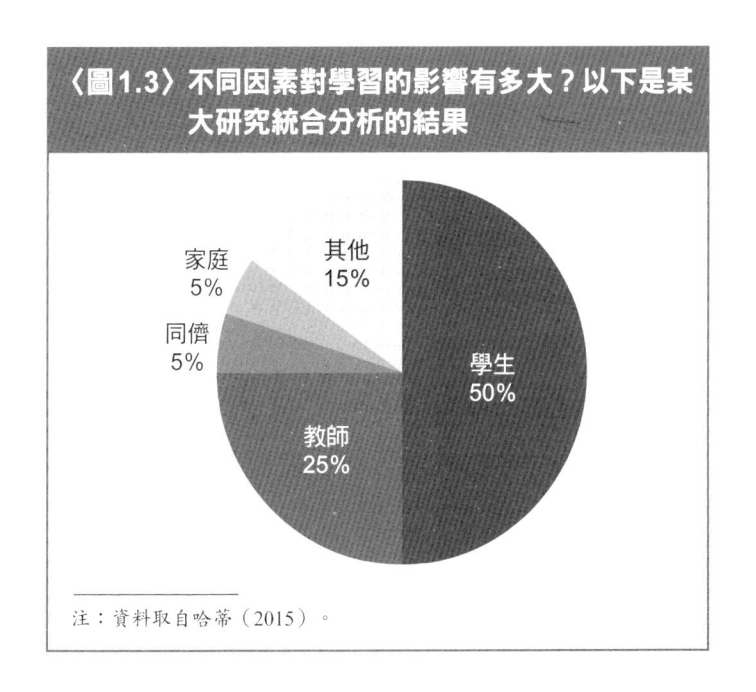

〈圖1.3〉不同因素對學習的影響有多大?以下是某大研究統合分析的結果

- 學生 50%
- 教師 25%
- 同儕 5%
- 家庭 5%
- 其他 15%

注:資料取自哈蒂(2015)。

那麼,既然學生的讀書習慣占了50%的比重,哪些讀書習慣最有效?在一份迄今可能最深入分析學習技巧的研究中,鄧洛斯基等人(2013)評估了十種免費學習技巧的效果,這些技巧(至少有一些)是學生經常使用的。他們也根據這些技巧能否適用於不同的學習者、課程、內容、考試、教育環境來評估其**實用性**或實際用途。這十種技巧都列在〈表1.2〉中(也可以在本書最後的詞彙表中找到)。這十種技巧都能改善學習,但實用性各不相同。事實上,在本章前面我們希望你完成的「立即開始」調查問卷中,你已經看過其中的大部分技巧了。在接下來的章節中,我們會解釋哪些技巧最有效,以及如何使用它們,並說明這些技巧適合用在哪些科目上。

> **預測學習成效的近50%因素,是看你的學習方法。**

用對方法,真的成績會變好嗎?

　　如果你已經從「立即開始」調查問卷中得知你使用哪些學習策略,你可能很好奇其他學生通常採用什麼策略。你可能也想知道,這些策略是否真的會影響課業成績。我們來看一項真實的課堂研究,這項研究的目的是想找出學生使用哪些學習方法,以及這些方法與課業成績的關係。如果你之前跳過了調查問卷,現在是回頭完成問卷的好時機。

　　古倫指導的大學生布里安娜・巴托謝夫斯基（Brianna Bartoszewki）做了一項很棒的課堂研究。該研究衡量了「立即開始」問卷中提到的十種讀書技巧（Bartoszewski & Gurung, 2015）。此外,巴托謝夫斯基和古倫也請學生評量講課品質與教授,以比較這些因素與讀書技巧對考試成績的影響。事實上,在「立即開始」問卷中,你已經填寫了巴托謝夫斯基和古倫使用的部分問卷內容。

　　學生列出他們最喜歡的課程,接著針對這門課回答了一些讀書習慣的問題。〈圖1.4〉顯示各種學習方法的使用程度。這結果是否與你最常使用的方法相

〈表1.2〉認知科學的十個學習技巧

技巧	說明	實用性	本書章節
間隔練習（又名分散練習）	把學習活動分散到不同時段的練習計畫。	高	4
提取練習（又名習題測驗）	對學習內容做自我測驗或模擬測試。	高	5
交錯練習	在一次學習中混合不同類型的問題／內容。	中	6
自我解釋	解釋為什麼一個明確陳述的事實或概念是正確的。	中	6
解題範例	研究如何解決問題的詳細範例。	中	6
畫重點／畫線	閱讀時標記可能重要的部分。	低	7
重讀法	初次閱讀後，再次閱讀文本內容。	低	7
摘要法	為學習內容撰寫（各種長度的）摘要。	低	7
圖像輔助學習法	閱讀或聆聽時，在腦中為內容形成圖像。	低	7
關鍵字記憶法	使用關鍵字和心理圖像來聯想語言內容。	低	7

注：資料摘自鄧洛斯基等人（2013）。

符？不出所料，某些學習法的使用率很高，例如重讀筆記與死背關鍵詞，儘管這些方法的學習效果不如其他方法。

不過，這項研究中的學生也使用許多我們知道最有效的技巧，本書也會重點介紹這些技巧。例如，他們經常使用習題測驗之類的高效技巧。某些技巧的使用也與其他技巧有關。比方說，喜歡使用畫重點技巧來學習的學生，也會使用交錯練習、關鍵字記憶法、圖像輔助學習法、重讀法。如果你覺得有些術語很陌生，不用擔心。在後面的章節中，我們會深入說明這些概念，並舉許多例子。

對你來說，好消息是，這項研究顯示，你應該結合不同的學習方式來提升學業成績。該如何做到這點？〈表1.2〉中列出的這些技巧究竟是什麼？想了解的話，你可以直接跳到本書的第二部分。

策略歸納

在美式足球中，你常看到球員在比賽前快速圍成一圈。在這種戰術討論中，他們會歸納攻克當前任務

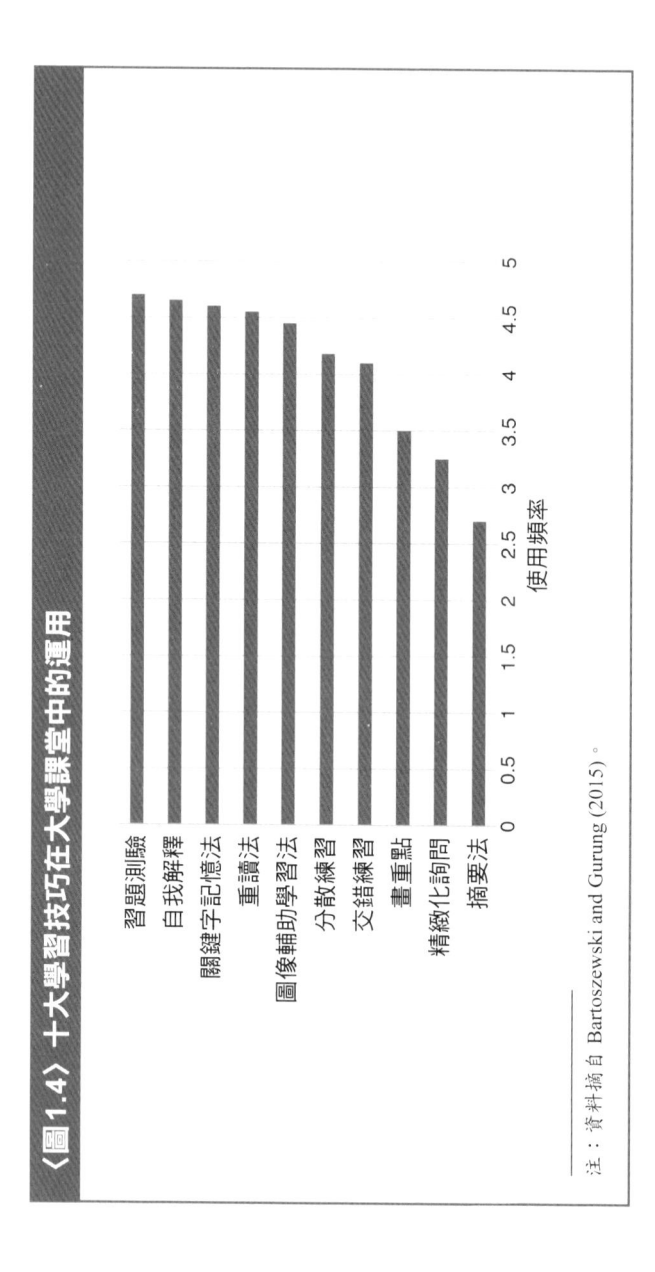

〈圖1.4〉十大學習技巧在大學課堂中的運用

學習技巧	使用頻率
習題測驗	~4.7
自我解釋	~4.6
關鍵字記憶法	~4.5
重讀法	~4.5
圖像輔助學習法	~4.4
分散練習	~4.2
交錯練習	~4.2
畫重點	~3.7
精緻化詢問	~3.5
摘要法	~2.7

注：資料摘自 Bartoszewski and Gurung (2015)。

44　Study Like a Champ

（即贏得比賽）的關鍵策略。為了呼應「像高手一樣學習」的主題，我們在每章結尾都會做類似的策略歸納，統整該章的重要觀念，幫你在學習這場戰役中致勝。在本章中，我們提到學生與老師對學習抱持了許多迷思。而找出有效方法的最佳途徑是做科學研究。因此，當我們討論哪些策略最有效時，我們會提到一些科學研究。當然，我們也會說明如何使用最有效的策略，讓你能立即運用它們，像高手一樣學習。

用對方法，學習事半功倍

- 學習高手不相信許多學習迷思，他們知道許多因素都會影響學習效果。別落入那些迷思的陷阱。
- 這裡借用體操界的一句話，「完美落地」。想要完美落地，關鍵在於只用最有效的學習技巧，而不是十種全用。

延伸閱讀：De Bruyckere, P., Kirschner, P. A., & Hulshof, C. D. (2015). *Urban myths about learning and education*. Elsevier.

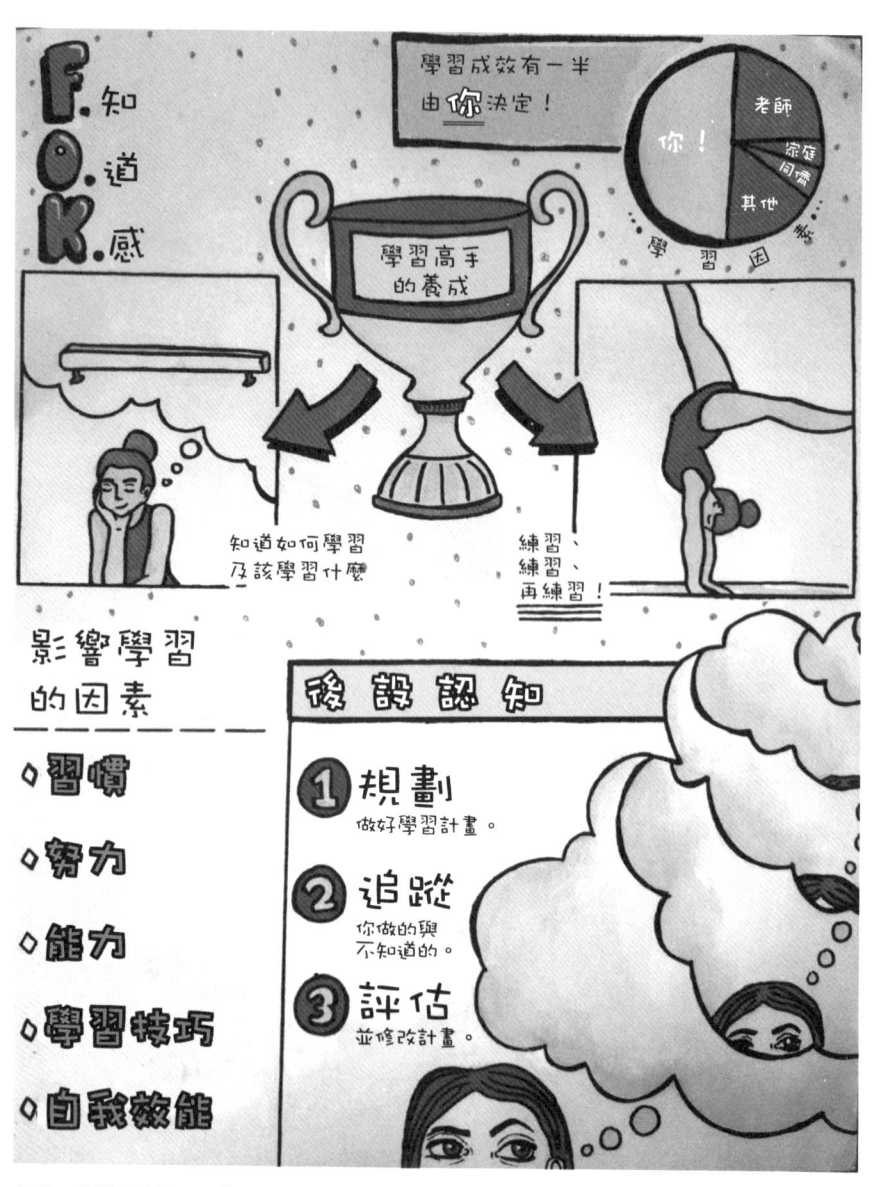

佩琪‧赫博多繪圖，經許可刊印。

第 **2** 章

第一要務：規劃！

本章你會學到：
- 你的拖延症有多嚴重。
- 如何培養自制力。
- 規劃各種活動以提高完成率的最佳方法。

1960年代，澳洲雪梨市想打造一個能吸引許多遊客的地標。市政府廣邀世界各地的建築師提交前所未見又引人矚目的建築設計。最終勝出的是一座造型像迎風揚帆的建築。你或許看過雪梨歌劇院的照片，但可能不知道它背後的故事。這座建築原本預計4年完工，預算700萬美元。但最終花了14年才完工，總支出更高達1億200萬美元。沒錯，比原本的預算700萬多了近1億美元，整整超出預算14倍！這無疑是估計失敗的經典案例，也凸顯出規劃的重要。

　　為什麼工程會嚴重延誤及超支？因為市府的規劃未考慮到所有細節。這座建築位於港灣，這表示地基必須建在水中；獨特的屋頂設計需要特別堅固的建材；地基不斷下沉，為了找到能承受這種設計壓力的合適建材，成本節節攀升（Holliday, 2017）。市府的規劃者只想到最終的成品，但沒有考慮到達成目標可能遇到的各種障礙。

　　每個學期，無數的學生也犯下類似的規劃錯誤。某週五，我們的學生達若說，他打算在週末寫兩篇報告，還要讀三門課的書。到了週一，他說他忘了週日是伴侶的生日，整天都在慶祝。此外，週六他的車拋

錨了,打亂了原本的計畫。更糟的是,週六晚上他一邊吃零食、一邊轉台看有什麼節目時,看到一部很喜歡的電影。他本來只想看到零食吃完就好,結果卻看了整部片(連零食也吃得比預期還多)。我們都有類似的經驗,計畫總是因為各種原因無法如期完成。

像高手一樣學習的首要要素之一,是做好規劃。在本章中,我們會討論完善規劃的許多要素;請你測試你的拖延程度;並提供一些實用工具來協助你做好規劃。

立即開始:測量你的拖延程度

說明:拖延是一種可具體衡量的人格特質,許多研究顯示,拖延通常與不良的學習成效及負面的結果有關。有些社群媒體的貼文主張,刻意拖延任務對某些學生可能是有效的方法。千萬別被這種貼文誤導了,這種說法毫無科學根據(Pinxten等人, 2019)。如果你習慣拖延,那就更需要注意本章討論的規劃策略。請完成以下量

表，以了解你的拖延程度。

填寫指示：以下是一些描述個人行為的陳述句。針對每句話，請用5分量表來評估該描述是否符合你的特質。請注意，量表中的3分代表「普通」，也就是說，該描述既不符合也不違背你的特質。請在每個敘述右邊的方格中，填入最能描述你的分數。

非常不符	有點不符	普通	有點符合	非常符合
1	2	3	4	5

1. 我經常在做幾天前該完成的事。
2. 我等到作業要繳交前才開始動手。
3. 我看完從圖書館借來的書時，不管何時到期，都會馬上歸還。
4. 到了早上該起床的時間，我通常會立即起床。
5. 我寫好信後，可能會擱置幾天才寄出。
6. 我通常會立即回覆未接來電。
7. 即使是坐下來就能完成的任務，我也常拖好幾天才做。
8. 我習慣盡快做決定。
9. 在開始做我必須做的任務以前，我通常都會拖延。

非常不符	有點不符	普通	有點符合	非常符合
1	2	3	4	5

10. 我通常需要匆忙完成任務才能趕上期限。

11. 要出門時，我很少在最後一刻才急著處理事情。

12. 面對截止期限時，我常浪費時間做其他的事情。

13. 赴約時，我喜歡提早出門。

14. 我通常在接到任務／作業後不久，就開始動手。

15. 我常提前完成任務。

16. 買生日禮物或聖誕禮物時，我似乎總是拖到最後一刻。

17. 即使是必需品，我也常拖到最後一刻才買。

18. 我通常能完成一天規劃的所有事情。

19. 我老是說「明天再做」。

20. 我習慣在晚上放鬆休息以前，把所有該做的事情都處理完。

　　計算拖延分數的方式如下：首先，請圈出下列題號：3、4、6、8、11、13、14、15、18、20。針對這幾題，請以下面的方式轉換你原本填寫的分數：原本填1分，改為5分；原本填2分，

> 改為4分；原本填3分，維持3分；原本填4分，改為2分；原本填5分，改為1分。接著，把所有題目的分數加總起來，就是你的拖延總分。
>
> 　　分數越高，表示你的拖延程度越明顯。你可以請朋友或同學也算算他們的分數，互相比較一下。

「了解自己」，是像高手一樣學習的關鍵

　　你了解自己嗎？這裡不是在問那個深奧的問題「我是誰？」（雖然我們知道有些人可能會為此輾轉難眠）。在本書的脈絡下，我們想問的是：「你擅長設定學習目標嗎？會規劃達成目標的方法嗎？會追蹤你的進度，並在必要時調整計畫嗎？」如果你能做到這些，就表示你很擅長**自我調節**（Hacker & Bol, 2019）。自我調節是像高手一樣學習的關鍵。

　　自我調節的核心概念是一個循環：你規劃、追蹤，然後評估績效（見〈圖2.1〉）。認知科學家把這

個循環分成三大階段：預想階段、執行階段、反思階段（Zimmerman, 2008）。你的績效與成敗，取決於你對這個循環中的具體要素的關注程度。在**預想階段**（Forethought Phase），你把想學習的內容拆分成小部分，並設定想達成的目標。你對自己完成目標的信心（自我效能）、你是否預期成功（結果預期）、你的動機強弱和興趣程度，都會影響你的目標設定，以及是否能順利進入下一階段。

執行階段（Performance Phase）最考驗自制力。你能專注嗎？能避免分心嗎？請注意，這裡的重點是要為自己創造最佳的學習條件（或完成任務的條件）。你為學習做的準備越好，就越有可能達成目標。執行階段的一個焦點是，注意你知道的事情以及你的學習經驗。如果你覺得概念很難懂，或覺得內容枯燥，那就試著做一些有建設性的正面事情。也許你可以快走一小段路，或是聽你感興趣的podcast，這兩個選擇都不錯。你可能也想拿起手機，滑社群媒體，但那無法解決問題。關鍵是訓練你察覺進度，或察覺自己缺乏進度的情況，並做出調整以利進展。這種自我觀察可能需要你記錄你的行為、想法和感受，

或者只要更留意它們就行了。這可以幫你做出更好的規劃和調整。

在最後的**反思階段**（Self-Reflection Phase），你要建立一套績效標準，並據此衡量你的績效。舉例來說，你可以設定目標：讀書讀到每一章的測驗至少答對80%。讀書告一段落後，先停下來做測驗，如果分數低於80分，就回去複習。你對學習成果的主觀估計、感受或判斷，可能與考試分數等客觀指標不符。此外，你覺得自己懂多少，以及認為考試考得如何，也可能和實際的考試成績有落差。這種自我評估與實際表現的吻合度稱為**校準**（calibration），而認知科學知道哪些因素會影響你的校準力（Hacker & Bol, 2019）。擅長自我調節的人通常也有很好的校準力，所以培養這兩種重要的認知能力，可以幫你更了解如何成為優秀的學習者。

許多研究指出，校準有三個主要結論。第一，多數人對自己掌握知識的程度過於自信。諷刺的是，表現越差的人，反而越容易過度自信。1999年，心理學家大衛‧鄧寧（David Dunning）與賈斯汀‧克魯格（Justin Kruger）發現了這個現象，現在該現象名

〈圖2.1〉自我調節的循環

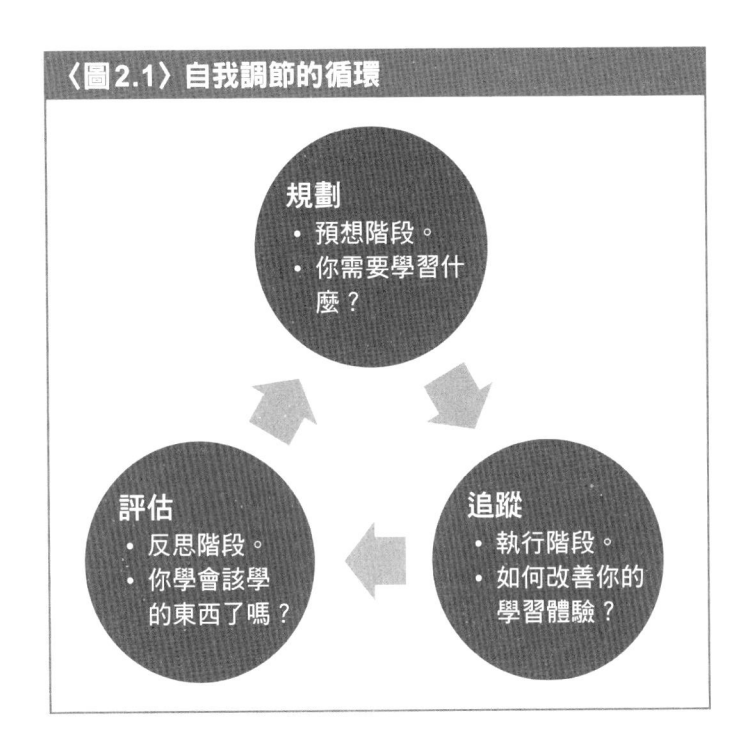

- **規劃**
  - 預想階段。
  - 你需要學習什麼？

- **追蹤**
  - 執行階段。
  - 如何改善你的學習體驗？

- **評估**
  - 反思階段。
  - 你學會該學的東西了嗎？

為「鄧寧―克魯格效應」（Dunning-Kruger effect）。他們發現，對某個領域所知甚少的人，特別難以校準。這些人即使面對相反的客觀證據，仍堅信自己非常了解該主題。這種效應似乎源自於：如果你對某個主題連基本認識都不足，你在這方面的後設認知能力就會受阻。由於人們往往不知道自己知識不足，因此也對自己的過度自信渾然不覺。

第二,改正校準錯誤出奇的困難。舉一個極端的例子,即使一個學期經過十三次考試,修教育心理學的學生依然過度自信——他們並未調整讀書方法(Foster 等人, 2017)。我們的判斷有時甚至比考試成績還要穩固。第三,不出所料,考試後我們對自己知識掌握度的判斷,比考前的判斷更準確。現在你了解了校準,但是該如何應用它?

　　雖然改善校準(進而提升成績)的研究結果不一,但我們還是可以提供你一些建議。兩項研究顯示,接受良好的指導、練習當前的任務與學習內容、獲得獎勵、得到適當的意見回饋,都與第一次考試到第二次考試的成績進步有關(Callender等人, 2016)。請注意,這些因素中,只有「練習」是掌握在你手中。如果老師的說明不夠清楚,或你覺得作業缺乏足夠的意見回饋,我們非常建議你主動詢問。根據研究結果來要求改善教學方式不是什麼新觀念,但多數學生並沒有考慮這樣做(Putnam等人, 2016)。

自我調節能力，決定你的學習力

　　你可能聽過棉花糖實驗。2014年，心理學家沃爾特·米歇爾（Walter Mischel）讓近500位小朋友做選擇：在他們面前放一顆看起來很美味的棉花糖，他們可以隨時吃掉，或者等一下子就能得到兩顆棉花糖。研究人員離開房間，讓孩子自己決定。有些孩子立刻吃掉眼前的棉花糖，有些孩子延遲享用，等研究人員回來，因此得到兩顆棉花糖。這個研究之所以有名，是因為米歇爾發現，能夠延遲享樂以獲得兩顆棉花糖的孩子（或者，在另一版本中是多一塊Oreo餅乾），往後的人生表現得比較好。沒錯，他追蹤那些孩子多年，發現那些能延遲享樂的孩子後來比較成功。

　　延遲享樂是一種自我調節的形式，而且非常貼近現實。畢竟，我們通常不會及早開始讀書（或工作），而是轉向更愉悅、更有即時滿足感的活動，比如看電影、和朋友出遊等等。等完成辛苦的工作後才獲得獎勵確實不容易，但我們鼓勵你這麼做。有一些簡單的方法可以幫你延遲享樂。例如，你可以設定明

確的時間或專案里程碑,在達到一定時間(例如30分鐘)或完成一定量的工作(例如讀完一章)以前,不投入有趣的活動。培養自我調節力需要設立一些明確的階段,這些階段都建立在延遲享樂的基礎上,並且直接對應到你身為學生該做的事情。

> **能夠延遲享樂的人,在規劃、追蹤、評估他們的學習方面,也做得比較好。**

　　培養自我調節力的關鍵目標是,**規劃、追蹤、評估**你的學習。雖然這些目標很容易了解,但實際執行起來沒那麼簡單。為了幫助你,我們提供一些明確的問題來讓你問問自己。〈表2.1〉列出了以下改編自坦納(Tanner, 2012)研究的問題,它們都很直接明瞭。你可以針對每一門課,問問自己這些問題。

〈表 2.1〉提升學習後設認知的自我提問範例

活動	規劃	追蹤	評估
上課	• 這堂課的目標是什麼？ • 我對這個主題已有哪些了解？ • 如何準備這門課最好？ • 我應該坐在哪裡？上課時該做什麼（或不該做什麼）才能最有效地學習？ • 我對這個主題有什麼想要深入了解的問題？	• 上課過程中，我有什麼領悟？有什麼不懂的地方？ • 上課時，我又多出哪些新問題？我把它們記下來了嗎？ • 我覺得這堂課有趣嗎？為什麼？如何讓這些內容與我個人更相關？ • 我能區分重要資訊與細節嗎？如果不能，我該如何學會區分？	• 今天這堂課講了什麼？ • 今天的上課內容有什麼與我原本了解的不同？ • 今天的上課內容與之前的上課內容有什麼關聯？ • 我現在需要主動做什麼，以解答疑問及釐清困惑？ • 我覺得今天的課堂上最有趣的是什麼？

活動	規劃	追蹤	評估
主動學習任務和/或家庭作業	• 老師要求我做這項作業的目的是什麼？ • 我需要做哪些事情，才能順利完成這項任務？ • 完成這項任務，需要什麼資源？我要如何確保我有這些資源？ • 完成這項任務需要多少時間？ • 如果以前我做過類似的事情，這次要如何做得更好？	• 目前我使用的學習策略中，哪些有效，哪些無效？ • 還有什麼資源可以幫我完成任務？我該如何取得這些資源？ • 對我來說，這項任務中最有挑戰性的是什麼？最令我困惑的是什麼？ • 處理任務的過程中，我可以做什麼調整，來克服這些挑戰和困惑？	• 我達成任務目標的程度如何？ • 我善用了多少可用的資源？ • 如果我是老師，我會認為這份作業有什麼優點和缺點？ • 下次做類似的作業時，我要記得做哪些調整？ • 哪些做法很有效，下次可以繼續使用？

活動	規劃	追蹤	評估
測驗或考試	• 我會用什麼方法讀書（例如：讀書會、做習題、研讀課本圖表、自我測驗、去請教老師或參加複習課）？ • 我打算花多少時間讀書？我打算把讀書時間分散在哪段期間內？每次讀多久？ • 根據目前我對這門課的了解，我應該在這門課的哪些方面多花點時間，在哪些方面少花點時間？	• 我是否有系統地準備所有的考試內容？ • 我是否充分利用所有的學習資源？ • 我是否已久缺動機？如果是，我還記得我為什麼要修這門課嗎？ • 我已經釐清了哪些困惑，是如何釐清的？ • 還有哪些困惑尚未釐清，我該如何釐清它們？	• 哪些準備考試的方法很有效，值得下次繼續使用？ • 哪些方法效果不好，下次應該避免或改進？ • 我沒答對哪些題目？為什麼？ • 我的答案和標準答案有什麼不同？ • 我還有哪些不懂的地方需要釐清？

活動	規劃	追蹤	評估
整體課程	• 為什麼學習這門課的內容很重要？ • 這門課的成績對我的職涯目標有何影響？ • 我如何主動追蹤這門課的學習情況？ • 我最想在這門課中學到什麼？ • 這門課結束時，我希望能做到什麼？	• 這門課程的教學方式如何幫助我學習？用這些優點？ • 這門課程的教學方式有哪些地方對我的學習沒有幫助？我該如何彌補或改善這些問題？ • 我對這門課程多感興趣？我對自己的學習有多少信心？我可以做什麼來提升興趣與信心？	• 五年後，我還會記得這門課程教了什麼？ • 如果朋友想從這門課中學到最多，我會給他什麼建議？ • 假如換成我來教這門課，我會改變什麼？ • 我從這門課中學到哪些學習方法可以運用在未來的課程或職場上？

注：受到 Ertmer and Newby (1996)、Schraw (1998)、Coutinho (2007) 等研究的啟發。改編自 "Promoting Student Metacognition," by K. D. Tanner, 2012, *CBE-Life Sciences Education*, 11 (2), pp. 113-120. CC BY-NC。

測驗看看,你的「後設認知」能力

我們討論的這些概念(如追蹤),你在日常生活中可能都有一些基本的理解,但要真正像高手一樣學習,你還需要清楚了解你的後設認知能力。幸好,有些很棒的評量工具可以幫你評估及培養這項能力,其中「後設認知覺察量表」(Metacognitive Awareness Inventory,Schraw & Dennison, 1994)是我們最喜歡使用的工具之一。我們不會像對待受試者那樣,直接向你展示整份量表,而是帶你一窺究竟,讓你看看這份量表是如何從不同面向衡量的。

請仔細閱讀〈表2.2〉中的每個陳述句。以你身為學習者(如學生、上課者等)的角色來判斷,每個陳述句是否適用於你。如果你認為那句話是對的,就得1分;若你認為那句話是錯的,就得0分。完成後,請加總每個類別的分數。

〈表2.2〉後設認知覺察量表的評分指南

說明：針對每個「對」和「還算對」的答案，在分數欄中填入1分。針對每個「錯」和「不太對」的答案，在分數欄中填入0分。把每個類別的分數加總起來，填入方格中。

認知相關知識

陳述性知識

5. 我了解我在智力方面的優缺點。	
10. 我知道學習什麼樣的資訊最重要。	
12. 我擅長整理資訊。	
16. 我知道老師期望我學到什麼。	
17. 我擅長記憶資訊。	
20. 我能掌控自己的學習成效。	
32. 我能準確判斷我對某事的了解程度。	
46. 對有興趣的主題，我學得較多。	
得分	

程序性知識

3. 我會運用過去有效的策略。	
14. 我使用的每種策略都有特定目的。	
27. 我知道我讀書時使用哪些策略。	
33. 我會自然而然地使用有效的學習策略。	
得分	

條件性知識

15. 對主題有點了解時,我學得最好。	
18. 我會根據不同的情境,使用不同的學習策略。	
26. 需要時,我會激勵自己學習。	
29. 我會運用自己的智力優勢來彌補缺點。	
35. 我知道每種策略最有效的使用時機。	
得分	

認知調節

規劃

4. 我會規劃學習進度,以確保我有足夠的時間。	
6. 開始任務以前,我會先想清楚我真正需要學什麼。	
8. 開始任務以前,我會先設定具體的目標。	
22. 開始前,我會先問自己一些有關內容的問題。	
23. 我會想出幾種解決問題的方法,然後選最好的。	
42. 開始任務以前,我會先仔細閱讀說明。	
45. 我會妥善安排時間,以便更有效地達成目標。	
得分	

資訊管理策略

9. 看到重要資訊時,我會放慢速度。	
13. 我會特別注意重要資訊。	

30. 我會注意新資訊的意義和重要性。	
31. 我會自己舉例，讓資訊顯得更有意義。	
37. 在學習的過程中，我會畫圖或繪製圖表以幫助理解。	
39. 我會用自己的話來詮釋新資訊。	
41. 我會利用文章的組織結構來幫助學習。	
43. 閱讀時我會自問，那內容是否與我已知的事物有關。	
47. 我會把學習內容分成小步驟。	
48. 我著重整體意義而非細節。	
得分	

理解監控（comprehension monitoring，按：指學習者能隨時確認自己是否理解內容。若不懂，會選擇適當策略來克服理解困難，並評估策略效果）

1. 我會定期自問我是否有達到目標。	
2. 回答問題以前，我會考慮幾種可能的答案。	
11. 解決問題時，我會問自己是否考慮了所有的選項。	
21. 我會定期複習，以了解重要的關聯。	
28. 讀書時，我會分析策略的有效性。	
34. 我會經常停下來，檢查我的理解程度。	
49. 學習新事物時，我會問自己學得怎樣。	
得分	

除錯策略

25. 不懂的地方，我會請教別人。	
40. 不懂時，我會改變策略。	
44. 感到困惑時，我會重新評估我的假設。	
51. 遇到不清楚的新資訊，我會停下來重看一遍。	
52. 感到困惑時，我會停下來重讀。	
	得分

評估

7. 考試結束後，我就知道自己考得如何。	
19. 完成任務後，我會問自己是否有更簡單的做法。	
24. 學習後，我會歸納所學。	
36. 完成任務後，我會問自己目標達成度怎樣。	
38. 解決問題後，我會問自己是否考慮了所有的選項。	
49. 完成任務後，我會問自己是否盡可能學到最多了。	
	得分

注：摘自 "Assessing Metacognitive Awareness," by G. Schraw and R. S. Dennison, 1994, *Contemporary Educational Psychology*, 19(4), pp. 473-475 (https://doi.org/10.1006/ceps.1994.1033). Copyright 1994 by Elsevier. 經許可轉載。

進課堂一探究竟：75%學生錯過的學習寶藏

量表中的理論術語在實際應用中是什麼樣子？讓我們來看看。2020年，洪（Hong）與其研究團隊最近做的課堂研究是很好的例子，該研究把幾個關鍵指標整合在同一項研究中。洪等人大膽地探討了後設認知的諸多面向。現在我們來好好探究一番：你不僅會看到本章討論內容的一些重要應用與實例，還會有一些意想不到的發現。以下是研究團隊的做法：他們鎖定一門大型的生物學入門課程，分析1,326名修課學生的讀書行為與考試成績之間的關係。研究期間長達兩年以上，這在同類研究中也很少見。

這項研究相當全面。首先，學生在每學期一開始時填寫問卷。接著，研究者用問卷的回答來預測學生的學習成效，亦即考試成績。為了學生方便，問卷是整合在學習管理系統（learning management system，LMS）中。你可能也使用類似的LMS系統，比如Canvas、D2L或其他類似的平台。除了主要關注的衡量指標以外，問卷也蒐集了人口統計資料，像是年

齡、族裔、年級等。同時也包含了一些動機方面的心理衡量指標，例如自我效能、成就目標、任務價值、成本等等。這門課總共有四次考試，都是筆試，包含選擇題與簡答題。

根據我們目前為止討論的後設認知概念，你可能會好奇洪等人（2020）是如何測量它的。這項研究的做法非常巧妙，就像007電影的情節一般，研究者是以非常微妙的方式，來捕捉學生的學習行為。研究者分析學生上LMS瀏覽課程大綱與學習指南的方式和時間，藉此衡量後設認知的過程。你有想過嗎？課程大綱與學習指南其實對規劃讀書非常有幫助。這兩種輔助工具都能幫你找出學習重點。好的課程大綱與學習指南還會明確指出，考試內容需要達到的理解程度。有些學生可能不知道，他們在線上課程平台上的所有活動都可以被追蹤。老師可以看到你什麼時候瀏覽頁面、停留多久、何時做測驗，以及許多其他資訊（Gurung, 2020）。

在這項研究中，洪等人（2020）取得了LMS的資料（該資料顯示學生在課程網站上與數位資源互動的程度），以及學生的考試成績。除了查看課程大綱

與學習指南以外,學生還可以做不計分的自我評量測驗來追蹤自己的學習狀況。這些沒有壓力的評量可以讓學生練習知識,並在做完測驗後得到準確度的回饋(我們會在第5章,詳細討論這些重要的讀書策略)。此外,學生也可以查看成績來追蹤學習成效(例如:點擊「我的成績」頁面,查看目前的得分)。簡言之,LMS會記錄學生使用了哪些追蹤工具,以及使用那些工具的頻率。此外,請注意,幫你追蹤自我調節的關鍵要素(規劃、追蹤、評估)的工具,都可以在LMS中找到。

現在,你可能很想知道研究結果。雖然這裡只提供重點摘要,但整篇文章的內容都相當引人入勝,尤其是在動機與後設認知的關聯方面。我們把焦點放在與規劃和追蹤有關的研究結果上。資料顯示,根據學生的行為特徵,這門課主要可分成兩群學生。一群學生只透過持續追蹤自己在不計分測驗的成績,來做自我評估(Hong等人,2020)。這些測驗是為了讓學生判斷自己是否已經了解課程內容了。有趣的是,這群學生只專注於自我評估測驗,通常不會使用可用的後設認知策略,也不會使用其他可用的學習工具。

第二群學生呈現出不同的行為模式：他們只做規劃、使用考試資源和查看成績，幾乎完全不做測驗以自我評估。第二群學生的考試成績較好。成績較差的學生通常不太使用後設認知策略，這點佐證了我們的建議。

> 查看線上課程大綱與學習指南來規劃或追蹤其學習的學生，比不使用這些資源的學生考得更好。

　　最後，研究揭露了一個重要的警訊。多數學生並未善用LMS上的資源。事實上，研究中有75%的學生，未充分運用那些專門設計來輔助其後設認知的工具。請不要犯同樣的錯誤。在規劃、追蹤、評估你的學習時，請善用那些可用的資源。

盤點你的時間,拿回學習與生活的掌控權

　　重新開始總是比較容易。有時我們希望能重來,避免重蹈覆轍。新學年,甚至新學期,都提供了這樣的機會,讓你改正不喜歡的地方。就像大家熱情迎接新年,為新的一年制定新計畫一樣,你也可以把新學年視為改正過往學習錯誤的契機。在轉換期,這種機會更大。高中升大學是一個重要的里程碑。大一升大二、大二升大三、大三升大四,每個階段都為改變行為提供了明確的契機。

　　規劃時我們可能犯下的最大錯誤是,不見得把一切都納入計畫中。這裡的問題在於,我們常忘了把娛樂活動與健康的活動納入計畫(而且還要區分這兩者。畢竟,不是所有的娛樂活動都是健康的)。我們都喜歡娛樂活動,往往會不顧計畫去做那些事情。如果沒有預先規劃,那些額外的活動可能會干擾讀書計畫。鄧洛斯基和古倫都曾與無數大一新生談過。這些學生在慶祝自己上了大學時,常沉浸在幾乎不受限制和約束的自由中。到了大四,他們都很後悔大學初期

那段放縱不羈的日子，因為沒有好好規劃社交活動，最終影響了學業計畫。

無論是完成作業，還是處理生活的必需事務，當我們有意識且積極地規劃該做的事情時，完成所有任務的機率就會增加。需要強調的是：做好規劃是一個人能培養的最重要技能之一。有目的的周詳規劃有諸多好處。良好的規劃不僅能提高成功及完成任務的機率，也可以減輕壓力。因此，我們希望你能運用本章的建議來幫你做好規劃。

接下來幾段，我們將討論一些基本步驟。

首先，你需要了解你必須完成的所有任務。多數學生會修多門課程，請確保你清楚知道每週的要求。注意你需要閱讀多少內容、需要寫些什麼，以及每項作業的截止時間。檢視每份課程大綱，翻到列出作業繳交時間的那一頁，立即把每項作業、考試、測驗的時間記入你的行事曆、記事本或待辦清單中。使用工具（可能是行事曆、記事本或app）記下所有的事項，讓所有的作業一目了然。市面上有許多規劃app，有些是以行事曆為基礎，有些是以檢核清單為基礎。你可以考慮使用Fantastical（https://flexibits.com/fantastical）、Todoist（https://todoist.com/home）、Microsoft To Do（https://todo.microsoft.com/tasks/）或類似的app。或是，你可能比較喜歡紙本的記事本，你也可以趁此機會選購一本有趣的行事曆（《辦公室瘋雲》〔The Office〕主題？超級英雄主題？可愛貓咪主題？）挑選你會實際使用的工具。當然，你也可以同時使用多種工具。

接著，輸入或記下所有內容。以不一樣的顏色來標示不同的課程或作業類型。此外，每週為每門課程安排幾個讀書時段（這有助於分散練習，參見第4章）。你可以考慮在行事曆裡框下一大段讀書時間，再把那段時間細分給不同的課程。

接下來，為其他的重要活動安排時間，如飲食、睡眠、體能活動。寫下你該就寢與起床的時間，這可以避免你晚上卯起來追劇或上網太久。睡眠或許是大學生最不重視的健康行為。但增加睡眠時間可能是提振心情與生產力的最重要因素。把睡眠時間排入日程表，更有可能獲得充足的睡眠。

現在要說的，是你可能很少聽到的建議：我們建議你也把娛樂活動納入計畫中。你需要娛樂，我們都

需要娛樂，不要假裝它不存在。把娛樂納入計畫中，你可以更實際地估算你有多少時間可以拿來讀書。在大學時期，鄧洛斯基與古倫常為週末做了很多讀書計畫。我們很少、甚至從未考慮到派對、校內運動、電影和其他想做的娛樂活動。這也難怪我們總是無法完成預期的進度。現在我們更懂得規劃，也有研究經驗佐證全面規劃的重要性。如果你不把社交生活也納入考量，那很可能會打亂你寫作業與讀書的計畫。

　　規劃時，明確把非學業活動納入考量還有一個好處：安排休息時間可以減少倦怠及提升學習效率。這對大學生來說特別重要，因為他們可能過於投入課業而導致身心出問題。把社交生活納入規劃可以讓你適時放鬆，避免累積太多的壓力（Gurung, 2014）。規劃時，你清楚明確地認定你允許自己做哪些事情（如偶爾和朋友一起熬夜到凌晨1點），不許自己做哪些事情（像是非法、不安全的活動）

　　〈圖2.2〉顯示一位修五門課的學生的一週規劃。注意，裡面有研讀不同課程的時間、運動時間、未安排活動的彈性時間、娛樂時間、用餐時間，甚至具體列出了作業時間。而每週，你應該為每門課安排

〈圖2.2〉學習計畫範例

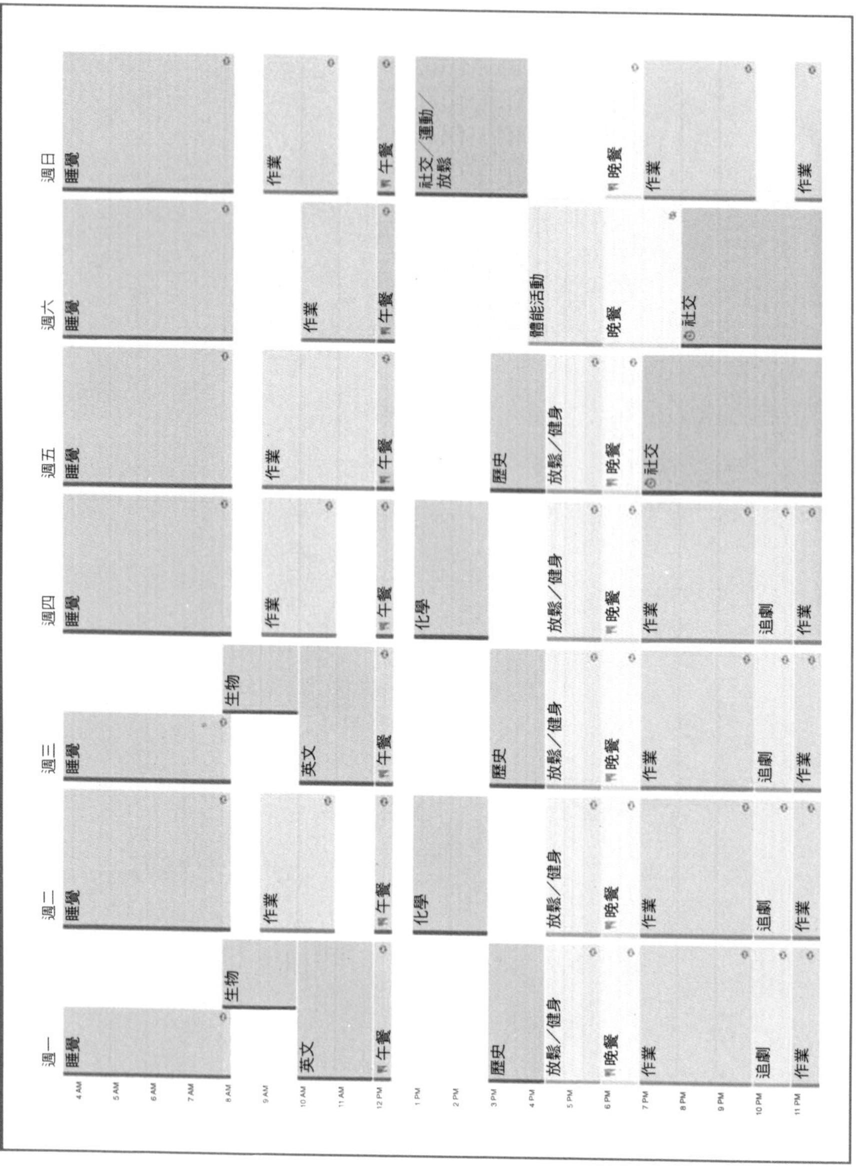
週一
週二
週三
週四
週五
週六
週日
4 AM
5 AM
6 AM
7 AM
8 AM
9 AM
10 AM
11 AM
12 PM
1 PM
2 PM
3 PM
4 PM
5 PM
6 PM
7 PM
8 PM
9 PM
10 PM
11 PM
睡覺
生物
英文
午餐
歷史
放鬆／健身
晚餐
作業
追劇
化學
體能活動
社交
社交／運動／放鬆

至少兩到三次的作業時間,並將每次較長的作業時段拆分,涵蓋不同課程的內容。(關於如何做到這點及原因,請參見第4到6章)。你納入計畫的事情越多,你更有可能完成很多事情。

在結束本章以前,讓我們把「規劃」這個主題,與大學入門課或新生訓練中常討論的一個概念連結起來:時間管理。家長和老師總是迫不及待地建議你培養或加強時間管理能力。這究竟是什麼意思?重點在於:每週的時間有限,你必須確保你有時間做所有想做的事情。按照我們所說的方式規劃讀書與娛樂,是管理時間的關鍵方法。許多人不知道時間都花到哪裡去了,更具體地說,是不知道時間都浪費到哪裡去了。如果你想知道如何找出時間做所有想做的事情,第一步就是盤點時間。用一週的時間,記錄你從起床到就寢的所有時間運用。一週結束時,檢視哪些活動耗費最多時間。你是否在社群媒體上不知不覺滑了好幾個小時?你是否不自覺地熬夜追劇,犧牲了睡眠時間?

一旦你了解你如何運用時間以後,就能看出你把多少時間花在學業上,多少時間花在社交上。傳統的

〈圖2.3〉古倫為他的心理學入門課設計的每週時間表

每週時間表範本——心理學入門課

週一
做課前測驗。
上課。
檢查讀書計畫：對照筆記，找出你不懂的術語。
完成並提交應用學習論文。

週二
讀其他課程，這樣就能分散學習心理學入門課。

週三
上課。
課前1小時回顧讀書計畫。
翻閱上一節課的筆記。
列出要問古倫博士的問題（在課堂上或課後詢問）。課後5分鐘翻閱筆記。
複習課後做測驗（第一次）。

週四
讀其他課程，這樣就能分散學習。

週五
回顧讀書計畫與本週的筆記。
查看讀週一要交的應用學習論文，然後開始寫。
必要時，釐清說明。

週末
享受戶外活動；做儲能活動；與親朋好友共度時光。
瀏覽下週的讀物的修潤。
做最後的讀書計畫；為應用學習論文做測驗（第二次，也是最後一次）。

經驗法則是,每花1小時在課堂上,就應該在課外花至少2到3小時。這個標準不見得準確,但你還是應該在課程上投入足夠的時間。除了規劃每天的學習和娛樂以外,另一個有助於時間管理的方法是,為課程的具體內容制定學習時間表。〈圖2.3〉顯示古倫為他的心理學入門課設計的每週時間表。你可以根據不同的課程修改這張圖。

策略歸納

古倫還記得他的研究所指導教授有一個最喜歡的小技巧,那個小技巧可以幫他完成更多的工作。指導教授要求研究室的所有學生,清楚說明他們為這個新學期制定的計畫。古倫發現,他和同學的計畫越明確,他們越有效率,成效越好。我們往往不太重視規劃,但規劃的越詳細可以提高完成一切的機率。每一門課的閱讀量、作業量、考試類型都不一樣。無論你是為申論題或選擇題的考試做準備,無論老師要求你交報告、還是做簡報,這些事情都需要時間才能完成。在運用本書第二部分討論的具體認知策略以前,

你必須先確保你有時間完成所有的任務。

在進入下一章以前,挑一門你覺得有挑戰性的課程,並規劃下一週的學習計畫,讓自己投入更多的時間在這門課上。如果你是在學期開始以前讀這本書,那就更好了。即使你是在學期中讀這本書,你還是有機會扭轉局面。讓明天更有計畫!比方說,為每一門課程規劃好下週的學習方式和專案完成方法,讓下週變得更有成效。善用現在到學期結束的這段時間,來提升你的規劃能力。妥善規劃以充分利用你的大學時光,這將使你未來的人生更加美好。

用對方法,學習事半功倍

- 學習高手會為學習時間、學習內容、學習方式,制定完善的計畫。
- 成功的關鍵,在於找出規劃一週時間的最佳方式。不僅要考慮到所有的課業與其他責任,也要預留跟朋友相處和體能活動的時間。

延伸閱讀:Hong, W., Bernacki, M. L., & Perera, H.

N. (2020). A latent profile analysis of undergraduates' achievement motivations and metacognitive behaviors, and their relations to achievement in science. *Journal of Educational Psychology*, 112 (7), 1409-143. https://doi.org/10.1037/edu0000445

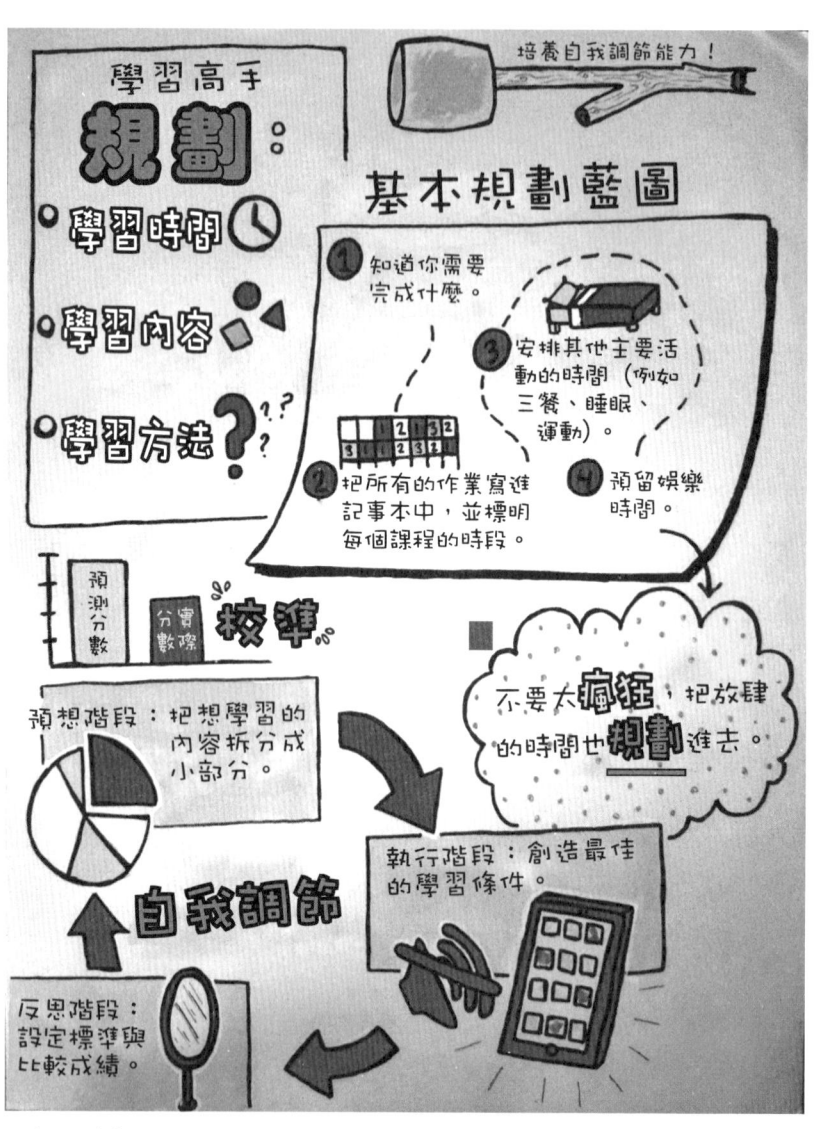

佩琪・赫博多繪圖，經許可刊印。

第 3 章

做好筆記，
重點全記

本章你會學到：
- 做筆記的最佳方法。
- 筆記的不同用途。
- 如何運用筆記以及何時使用。

想像一下，你上法庭去控告一位酒駕肇事者，要求他賠償損失。你的車被撞爛了，而且這完全不是你的錯。肇事者剛從派對離開，顯然喝了太多酒。在審判過程中，你和律師詳細說明了當天的事發經過。你把目光轉向正在聆聽案情的12位陪審員時，注意到一件令你不安的事情：沒有一位陪審員在做筆記。他們似乎在聆聽，但你不太確定。你應該為此擔心嗎？不做筆記會不會影響他們對案情的專注程度？這個疏忽會影響他們對細節的記憶，甚至影響他們的審議與判決嗎？這幾個問題的答案都是肯定的。

身為老師，我們常看到學生不做筆記。有時學生只是坐著聽講，但更多時候，他們正使用筆電傳簡訊或上網。連那些做筆記的學生，有時也會傳簡訊及上網（這兩項行為是陪審員不准做的），導致筆記品質低落。我們與考不好的學生對談時，通常會先查看他們怎麼做筆記。畢竟，像高手一樣學習的另一個重要元素就是做好筆記，這樣你在讀書時，才能專注於該課程的所有重要概念。在本章中，我們將討論做筆記的主要功能，測試你做筆記的能力，並提供一些做好筆記的方法。

在第2章中,我們討論了自我調節,而做筆記就是自我調節的一個重要例子。你必須判斷什麼內容重要到需要記下來;檢查你的筆記是否正確;並自我測驗筆記內容以藉此複習。不要因為你已經有做筆記的習慣而跳過這一章。你很快就會發現,重點不只是做筆記而已,筆記的品質也一樣重要。讓我們先來看你做筆記的能力有多好。〈圖3.1〉畫出做筆記的關鍵流程,讓你對本章內容有一個整體的了解。

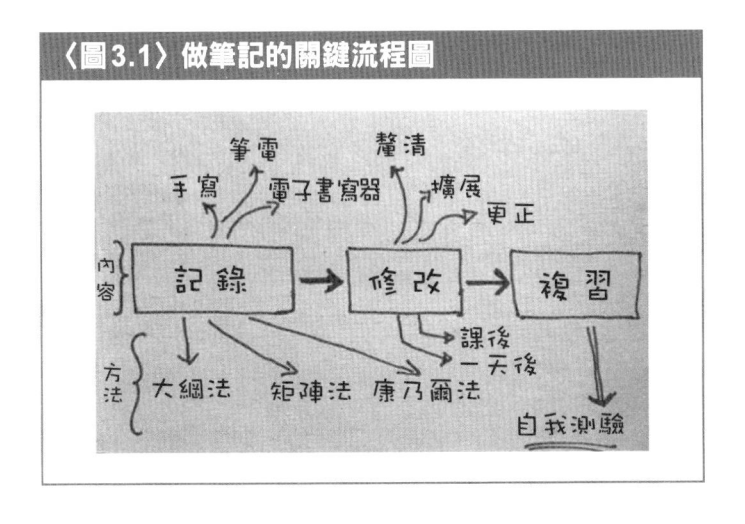

〈圖3.1〉做筆記的關鍵流程圖

立即開始：評估你做筆記的能力

以下問題是為了衡量你做筆記的品質而設計。想像你目前正在修的一門課，思考你做筆記的方式符合以下敘述的程度。讀完所有的問題並給出評分後，在閱讀本章其餘的內容時，請回想你的答案。

評分標準：1＝非常不同意，2＝不同意，3＝沒意見，4＝同意，5＝非常同意。

第一部分

1. ＿＿我會記下講師說的每句話。
2. ＿＿我會逐字記錄講師寫下的所有課程內容。
3. ＿＿即使是我已經熟悉的內容，我也會記下來。
4. ＿＿我會把講師寫的課程相關內容都記下來。
5. ＿＿我會努力記下所有的重點，除了寫下概念以外，我也會寫下講師的舉例。

第二部分

1. ____我會選擇性地記下講課內容中比較重要的部分。
2. ____我是以歸納重點的方式做課堂筆記。
3. ____我會在筆記中標出特別重要的地方。
4. ____我會參考講義或教科書的內容,然後選擇必須記錄的資訊。

第三部分

1. ____聽課時,我會先思考相關資訊或問題,再做筆記。
2. ____我會在筆記中加入我想到的同音字或例子,以幫我記住講課的內容。
3. ____除了講師解釋的內容以外,我也會記下我自己的觀點與想法。

第四部分

1. ____我使用大綱法做課堂筆記。
2. ____我用數字標示主題的順序。
3. ____我利用空白處來整理筆記的重點。

4. ＿＿我利用講義或教科書的大綱，來整理筆記。

第五部分

1. ＿＿如果我來不及記下有些講課的內容，我會立即參考同學的筆記，補進我的筆記中。
2. ＿＿我會區分筆記中的重要部分和次要部分。
3. ＿＿我會檢查筆記，以確保我沒有遺漏重要的內容。
4. ＿＿我會在筆記中預留空白，以便日後補充內容。
5. ＿＿如果筆記中有不懂的地方，我會在上課時做記號／標記起來。
6. ＿＿上課中有聽不懂的地方，我會立即查閱教科書的內容，然後記在筆記上。

加總每個部分的分數。在這個評量表上，得分越高越好。所以，你得幾分？你是不是某些部

> 分的分數比其他部分高?以下是各部分所衡量的內容:第一部分是衡量抄寫能力,第二部分是衡量挑重點的能力,第三部分是衡量精緻化(elaboration,按:指將新資訊與既有知識,建立有意義的連結。如歷史的「餓的話,每日熬一鷹」〔八國聯軍〕便是一例)能力,第四部分是衡量組織能力,第五部分是衡量理解監控能力。在接下來的內容中,我們會詳細說明為什麼你應該調整做筆記的方式,以盡可能提升每個部分的分數。
>
> ---
>
> 注:摘自 "In-Class and After-Class Lecture Note-Taking Strategies," by P.-H. Chen, 2021, *Active Learning in Higher Education*, 22(3), pp. 245-260 (https://doi.org/10.1177/1469787419893490). Copyright 2021 by SAGE. 經許可轉載。

你以為你在做筆記,但其實沒有

環顧你的大學教室,有多少學生在做筆記?研究顯示,95%以上的學生表示,他們上課時會做筆記

（Morehead, Dunlosky等人，2019）。你的同學可能在面前擺了筆記本或筆電，教授講課時，他們似乎跟著在筆記本上寫字或在鍵盤上打字。當然，你不知道他們實際上在做什麼——他們可能是在塗鴉、畫素描、列購物清單，或上網幫寵物買衣服，他們其實在做很多雜事。即便他們看起來「只是」在做筆記，你也要知道每個人做筆記的方式不盡相同。

本質上，做筆記似乎很簡單：打開筆記本，教授放上有文字的投影片時，你就開始寫。你甚至可以盡量記下教授講述的內容。如果一直以來你都是以這種方式做筆記，那麼你應該考慮做些改變以提升筆記品質。畢竟，研究顯示，筆記的品質會顯著影響你的學習成效（例如Peverly & Wolf, 2019）。我們來看幾種做筆記的方法，然後再探討一些值得嘗試的技巧。

> 筆記的品質會顯著影響你的學習成效。

手寫？打字？哪一種筆記方式好

　　我們直接來看一個關鍵問題：你應該用電腦做筆記，還是用紙筆手寫？為了幫你了解這個問題的微妙答案，我們需要先介紹筆記研究中的一個重要區分：編碼功能與儲存功能。這些看似專業的術語其實是指筆記的基本功能。**編碼功能**是指，相對於只是聽講，實際做筆記能提升你對講課內容的理解或記憶的程度。也就是說，做筆記如何幫你把講課內容轉化成可以記住的資訊。**儲存功能**是指研讀這些筆記，能提升你考試成績的程度，也就是說，你之後複習與研讀筆記時，能記住多少講課內容。關於究竟要使用筆電、還是手寫的爭論，主要是集中在筆記的編碼功能上：你做筆記時，哪種方法能幫你學得更多？

　　一些大學教授禁止學生在課堂上使用筆電，你或許會認為這是因為研究顯示，使用筆電做筆記不是好方法。事實上，幾年前有一項熱門研究在社群媒體上廣為流傳，媒體也大肆報導。許多教職員紛紛引用該研究主張：手寫比使用筆電的效果更好（Mueller & Oppenheimer, 2014）。最近，莫爾黑德（Morehead）、

鄧洛斯基、羅森（2019），以及烏瑞（Urry）等人（2021）也比較了手寫與使用筆電做筆記的效果。他們的研究結果令人驚訝，讓我們來仔細看看。

莫爾黑德、鄧洛斯基、羅森的研究（2019，實驗2）直接再現了慕勒（Mueller）與歐本海默（Oppenheimer）（2014）的研究，比較不同的做筆記方式，並擴展了他們的研究。具體來說，他們把大學生隨機分成四組，一組用鉛筆和紙做筆記（即手寫），另一組用筆電做筆記。這兩組構成**直接再現**研究。為了擴展先前的研究，有一組是以電子書寫器做筆記（學生在電子紙上手寫），最後一組是只聽講（亦即不做筆記）。講課內容是兩段簡短的TED演講影片。在做完筆記（或只聽講）後，學生立即就演講內容做測驗。測驗包括測試學生對演講中那些事實資訊的記憶（**事實知識**）以及他們對概念的理解程度（**概念知識**）。一週後，做筆記的那幾組又回到實驗室，重新研讀他們的筆記。他們研讀筆記7分鐘後，再次做測驗。

研究人員發現了什麼？〈圖3.2〉顯示聽講後立刻做測驗的結果，那是衡量不同的筆記方法對筆記編碼功能的影響。有幾個結果值得注意：首先，手寫筆記

（無論是寫在紙上、還是電子書寫器上）的學生與使用筆電的學生，成績沒有顯著差異。這個結果在事實知識與概念知識的測驗題都是如此。另一項大規模的再現研究（Urry 等人, 2021）也證實了同樣的結果，也就是說，手寫筆記和筆電筆記沒有差異。第二，所有做筆記的組別，都沒有考得比只聽講的學生好！換句話說，在這項研究中，做筆記對編碼功能沒有影響。這是常見的結果，即使一些研究顯示做筆記可以

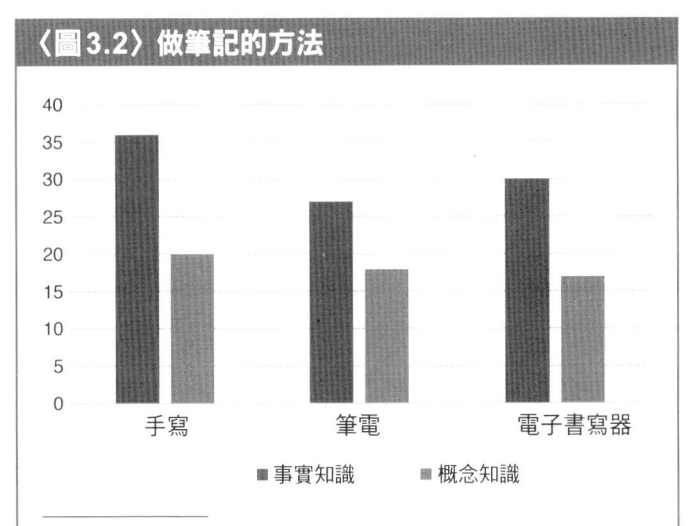

〈圖3.2〉做筆記的方法

方法	事實知識	概念知識
手寫	36	20
筆電	27	18
電子書寫器	30	17

注：摘自 "How Much Mightier Is the Pen Than the Keyboard for Note-Taking? A Replication and Extension of Mueller and Oppenheimer (2014)," by K. Morehead, J. Dunlosky, and K. A. Rawson, 2019, *Educational Psychology Review*, 31, p. 761 (https://doi.org/10.1007/s10648-019-09468-2). Copyright 2019 by Springer. 經許可轉載。

提升學生對講課的編碼能力,其影響也很小。光是**做筆記**(無論是用電腦、還是手寫)並不會讓你學到更多,當然,光是做筆記這個行為,也無法讓你達到考高分所需的理解程度。

最後,即使學生在一週後重新研讀筆記並參加延遲測驗,不同筆記組的考試成績也沒有差別。事實上,學生似乎並沒有從重新研讀筆記中學到很多。也就是說,筆記似乎也沒有佐證筆記的儲存功能。不過,在這個例子中,主要的限制是學生只有7分鐘可以複習筆記,這不足以使用最有效的學習策略(我們將在本書第二部分討論這點)。最重要的是,根據這些研究結果,目前的情況是,沒有一種筆記方法的學習效果,明顯優於其他方法。

> 電腦筆記與手寫筆記之間,沒有明顯的優劣之分。

有些老師可能不願聽到這種結果,但確實沒有哪一種做筆記的方法明顯勝出。儘管如此,教授禁止學生在課堂上使用筆電的另一個原因是,電腦可能造成

分心。在一項調查中，研究人員觀察課堂上使用筆電的學生，結果發現，學生僅37%的時間用筆電做課堂相關的事情（Ragan等人，2014）。其餘的時間，學生在瀏覽社群媒體或上網。如果學生只用電腦做筆記，那麼筆記與學習和記憶的關聯比較強。因此，若你認為你能在課堂上只用筆電做筆記，不會分心，而且可以做好筆記，那麼使用筆電幾乎沒什麼風險。在某些情況下，筆電甚至可能比其他筆記方法更有益。多數人打字比寫字快，遇到教授講話很快或需要逐字記錄時，用筆電比較有利。相反的，如果教授使用許多圖表，用手寫與紙張更容易畫出關聯。所以，根據課程的要求，挑選最適合你的筆記方法時，當然也要考慮到你使用哪種方式做筆記比較順手。

根據我們剛才描述的結果，你或許會以為做筆記完全不重要。確實，做筆記本身可能不會幫你學習困難的課程內容，所以真正重要的是**有完整的筆記**，這樣你準備考試時，就能取得需要學習的關鍵資訊。換句話說，你應該做優質的筆記，所以當你在考慮使用哪種筆記方法時，不妨退一步，檢視做好筆記的各個階段。這樣做能幫你了解如何提升你的筆記能力。

好的筆記,是備考的重要利器

　　筆記是幫你準備考試的資源。前面強調過,筆記的存在是為了幫你儲存資訊,以便日後備考時可以學習課程內容。但你仍然需要自己判斷,講課中什麼重要,以及何時該記下講課內容。比方說,你該記下老師剛剛講的故事嗎?我們兩個在教學時都喜歡講故事,許多老師也是如此。這些故事並非浪費時間的岔題內容,而是用來說明正在討論的概念或理論,或是展示教材在生活中的應用。我們講故事時,許多學生似乎都停下筆記,專心聆聽,因而錯過了記錄這些可能成為重要學習輔助的內容。這正是一個說明「講課重點」的典型例子。

　　當你深入探討記憶的**資訊處理**理論時,可能更容易了解筆記的角色。為了把資訊處理好,在做筆記(或之後研讀筆記)時,可以考慮採用幾種認知策略。在本書後面,我們會詳細討論如何實施這些策略,所以現在只簡短介紹幾種與做筆記有關的策略類別:

- **複誦策略**:從記憶中提取資訊。

- **精緻化策略**：把你聽到的內容與你已知的知識連結起來。
- **組織策略**：把新的內容整合成連貫的結構。
- **後設認知策略**：類似規劃與追蹤（在第2章與本書的第二部分有詳細描述）。
- **情感／動機策略**：與注意力、壓力管理、時間管理有關。

好的筆記方法應該會讓你更懂得選擇該關注的重點，逼你整理想法，並把學習內容與你已有的知識連結起來，而這些都是幫你學習的關鍵要素。但這裡我們要明確指出：上述許多促進學習的方法，也是你日後複習及研讀筆記時該使用的。因此，最終重要的是做出優質又完整的筆記（Chen, 2021）。單純抄下教授說的話或投影片的內容，通常無法獲得做筆記的所有潛在效益。當然，如果你能完整記錄下來，確實能讓你掌握老師想傳達的知識。然而，筆記的**數量**，不見得像記下**正確**的筆記、並以最有效的方式複習來得重要（關於如何有效學習的細節，請參見第二部分）。關於筆記的品質，一項研究顯示，大學生只記

錄了課堂重要概念的11%（Raver & Maydose, 2010）。另一項研究發現，沒有記下關鍵概念的學生，考試時還記得這些要點的機率僅5%（Einstein等人, 1985）。

哪些因素，有助於你把筆記做好？

就像性格因人而異，有內向者和外向者之分一樣，在做筆記方面，也可以分成幾種主要的類型。事實上，大家做筆記的方式有一些關鍵差異，因此某些因素可以預測誰做的筆記較好。如果你知道優秀筆記者的特質，就能運用這些資訊來改善自己做筆記的能力。

有一些變數可以預測筆記品質（參見Peverly & Wolf, 2019的綜合分析）。比方說，寫字較快的人往往能做出更好的手寫筆記，這純粹是因為他們能記下更完整的內容。如果你能保持專注，不容易分心，你的筆記也會做得比較好。語言能力較強的學生，筆記能力也比較強。我們知道要快速改變這些變數，以便明天就做出更好的筆記可能很難。畢竟，除非你去上

速記課，否則要怎麼加快寫字速度，而且你的語言能力是多年閱讀與使用語言的結果，要在短時間內提升也很困難。即便如此，如果你是使用筆電做筆記，關閉網路連線可能會減少分心，提升你的筆記品質。另一個你可以控制的變數，即你對課程的準備程度，也可以改善你的筆記能力。

你可能想知道，在大學裡，你的筆記能力會不會隨著年級的提升而變好。雖然我們沒有看到任何以縱向方式測試這點的研究，但有一些證據顯示，學生運用筆記的方式會隨著大學年級而變。比方說，陳（Chen, 2021）的研究顯示，學生的課後筆記策略在大一、大二、大三、大四之間確實有所不同，如〈圖3.3〉所示。誠如前一節的討論，各年級使用筆記來精緻化、組織化、尋求幫助的程度不一樣，前兩年比較常用來精緻化與組織概念。

與筆記品質特別有關的一個重要因素是，對某個主題的背景知識：學生了解越多，筆記越簡潔。你是不是很少在課前閱讀指定內容？如果你讀了指定閱讀，那對你的筆記也有幫助。指定閱讀內容會包含許多老師在講課中使用的術語或理論，所以課前閱讀可

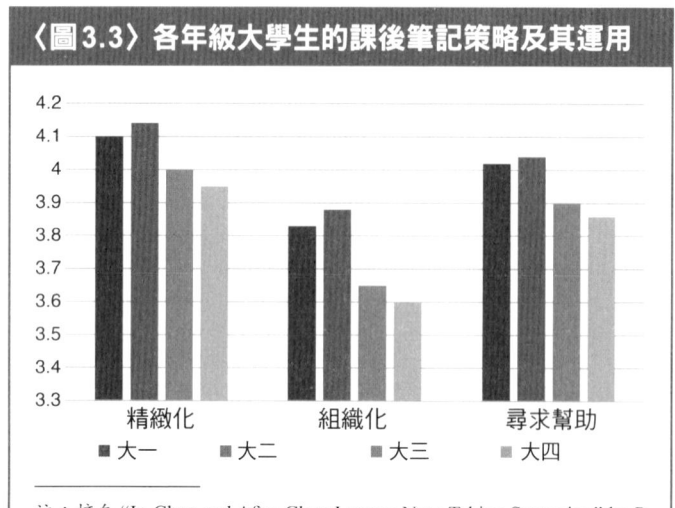

〈圖3.3〉各年級大學生的課後筆記策略及其運用

注:摘自 "In-Class and After-Class Lecture Note-Taking Strategies," by P.-H. Chen, 2021, *Active Learning in Higher Education*, 22(3), p. 255 (https://doi.org/10.1177/1469787419893490). Copyright 2021 by SAGE. 經許可轉載。

以讓你更熟悉那些內容。此外,這種熟悉度也可能加快你的筆記速度,因為你會認出原本對你來說陌生的新詞彙,這也有助於提高筆記的準確性與完整性。

> 上課前讀完指定閱讀,有助於把筆記做好。

R3筆記法，幫你整理思緒的強效工具

記錄（Record）、修改（Revise）、複習（Review）這三個步驟構成了R3法。這個方法很難歸功於特定作者的發明，但它整合了許多認知科學研究的成果，是一套實用的學習方法。R3法幫你把筆記整理得更好，並善用筆記來學習。第一步是盡量記下完整的內容，而後續兩個步驟是改進筆記內容及有效地複習。讓我們更深入來了解每個步驟。

Step 1：記錄

首先，確保你記下老師教的內容，但這不是要你逐字記錄一切。前面提過，無論你是使用筆電、還是手寫，你都應該訓練自己把課堂上的主要觀念記在筆記中。有時老師會給你一個大綱或提示來引導你做筆記。即使老師沒這麼做，你也要有條理地記下內容。如果課堂上播放投影片，你可以用投影片來引導你記錄的內容。特別注意書上沒有的資訊，例如某個定義（這也是課前閱讀指定內容的另一個好理由）。

然後，記下螢幕或投影片上的內容後，不要停止

做筆記。通常,優秀的老師會以講故事或舉例的方式,來連結課程的內容。他們可能會提供實例、解釋概念的應用,或是連結到課程的其他部分。請用你自己的話記下這些連結。此外,有時學生會提出問題,老師回答時,其他學生可能趁機查看郵件或發簡訊。不要犯這種錯誤。有學生提問時,你應該看你能不能在腦中回答這個問題。如果你能想出正確答案,自己答題其實有助於你未來記住答案(更多細節,請見第5章)。萬一你答不出來,你應該記下問題與答案,這可以幫你學得更好。

大綱法(The Outline method)、**矩陣法**(the Matrix method)、**康乃爾法**(the Cornell method),是三種常見的筆記策略。如果你不知道這些策略,你平常使用的方法可能很像大綱法,只是加入一些整理上的創新。使用大綱法時,你在頁面頂部列出主要標題,並使用小標題來分隔與整理內容。為了讓資訊看起來更有條理,有些人會使用縮排。這種方法有助於回想資訊,但效果不如其他比較複雜的方法。

使用矩陣法時,你是畫一個表格,把主要標題列在頁面的頂部,把副標題列在頁面的左側。如果你用

矩陣法來做本章的筆記，你的主要標題可能包括「筆記的功能」、「做筆記的方式」、「研究實例」。而「類型」、「優點」、「缺點」則列在左側。然後，你在每個格子裡記下筆記。這種方法的好處是容易閱讀，也幫你連結不同的概念。缺點是你可能很難預測那堂課需要哪些分類。因此，再次強調，這種筆記法比較適合用於閱讀課本時做筆記。

最常推薦給學生的筆記法，可能是康乃爾筆記法。在康乃爾筆記法中，你按〈圖3.4〉那樣設定筆記本（Pauk & Ross, 2013）。在左側畫一條垂直線，位置大約在頁面寬度的1/4到1/3處。上課時，你只在這條線的右側寫筆記。下課後，你再添加標題與整理元素。你也可以記下你不清楚或你覺得遺漏的要點。頁面底部用來摘要講課的內容。

這三種筆記法都能讓你做好筆記。在課後修改筆記方面，這三種筆記法可修改的程度各不相同。這點在筆記的第二步驟中會變得很重要。

目前為止，我們一直建議你記下「要點」或「主要內容」。這說起來容易，但你究竟要如何**判斷**哪些東西才是重點？如果你很幸運，老師可能會在課堂開

〈圖3.4〉使用康乃爾筆記法的格式

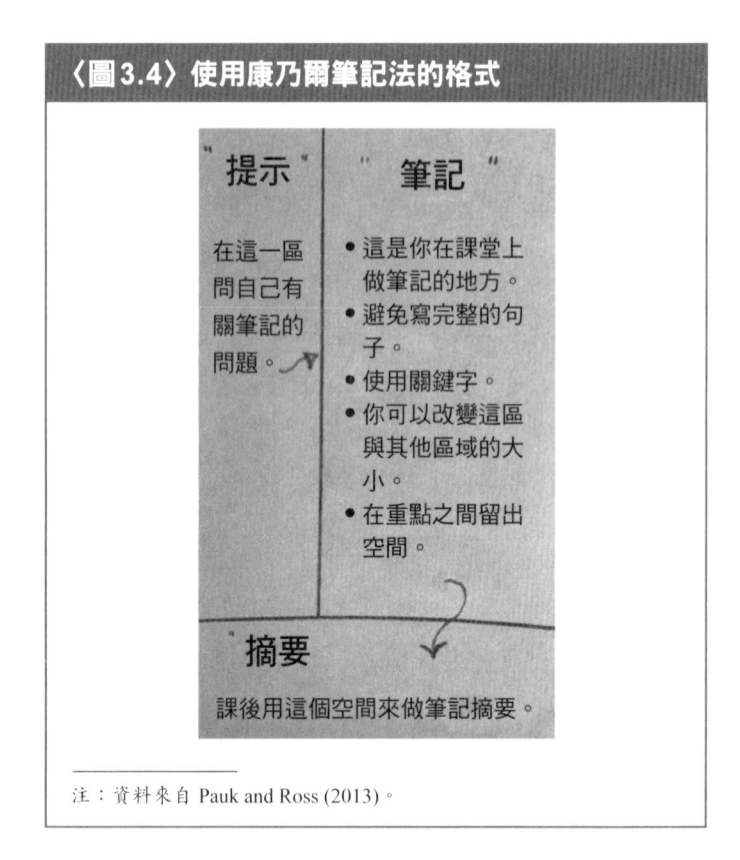

```
"提示"            "筆記"

在這一區          • 這是你在課堂上
問自己有            做筆記的地方。
關筆記的          • 避免寫完整的句
問題。              子。
                  • 使用關鍵字。
                  • 你可以改變這區
                    與其他區域的大
                    小。
                  • 在重點之間留出
                    空間。

"摘要"

課後用這個空間來做筆記摘要。
```

注：資料來自 Pauk and Ross (2013)。

始或結束時，在投影片、學習管理系統（如Canvas），或講義上清楚列出重點。但這種情況不常見，因為許多老師認為從講課中找出重點，是學生應該培養的能力。不過，我們也明白這項技能需要學習，而且它是需要練習的。以下是一些指引，只要多加練習，你就能抓出課堂上的重點：

- **為課堂做準備**。查看課程大綱，這樣你就知道當天的主題是什麼；閱讀或瀏覽指定閱讀內容，這樣你就能認出老師提到的新術語；複習上一堂課的筆記，這樣你就能建立連結。
- **留意線索**。老師通常會先概述當天的課程大綱，並在進入新內容以前，先回顧一下前面的內容。老師也可能重複提起某個重點。任何回顧或重複提到的內容，都應該記錄下來。
- **傾聽線索**。老師講到重要內容時，通常會改變語氣、音量或節奏。他們可能會停頓一下以製造效果，提高或降低聲音來強調某個觀點，或放慢速度來定義某個概念。你應該注意聆聽這些線索，這些都是重要內容。
- **蒐集標記**。每個老師都會使用一些口頭標記來標示重點。有時他可能直接說「這很重要」；有時則比較微妙，如「記住這點」或「這個後面會再出現」。此外，「然而」、「舉例來說」、「相反的」等標記也可能代表重要資訊。

Step 2：修改

　　多數的筆記研究把焦點放在R3法的第一個R和最後一個R，但現在我們已經知道中間還需要另一個R。羅（Luo）等人的實證研究（2016）顯示，修改筆記是一個關鍵要素。修改有多種形式，關鍵是在做完筆記後不久就要檢閱它們。理想情況下，你應該在下課後馬上修改筆記，但如果下課後還有其他的事情要做，你可以考慮在當天安排一些時間查看筆記，或至少在課後安排的第一次讀書時段中查看筆記（這個時段無論如何都應該安排在課後不久。關於讀書時段的安排，請參見第4章）。以下是一些激勵你修改筆記的理由：橫跨近百年的研究顯示，平均而言，學生在筆記中只記下35%的講課內容（Peverly & Wolf, 2019），這比之前提到另一項研究發現的11%（Raver & Maydose, 2010）稍好。修改可以幫你記下更多的內容。當你修改筆記時，應該努力找出是否有缺漏。是否有遺漏什麼或不完整的地方？你看得懂你記下來的內容嗎？這些都是你首次複習筆記時該問自己的好問題，而這也是一種自我解釋的形式（我們在第6章會更詳細討論）。

如果你覺得把所有的內容都記下來很難，別擔心，不是只有你這樣。事實上，多數成年人都沒有能力記下完整的課程內容。成人平均每分鐘能寫22個英文單字，打33個單字，但能聽懂約210個單字（Karat等人，1999）。而一般講課每分鐘平均包含100到125個單字（Wong, 2014）。因此，課後給自己修改筆記的時間，可以彌補上課時感知系統的限制。

　　此外，當你花時間修改筆記時，你可以利用這個機會從記憶中提取資訊。這種提取過程是成為學習高手的經典技巧之一，我們會在第5章專門討論提取。當你提取資訊時，可以加入自己的話來幫你更了解記下的內容，同時填補缺漏的部分。增補資訊可以讓筆記變得更完善，也可以幫你更深入地處理內容。當你整理筆記並把教授的話轉換成自己的語言時，你是以有助於日後回憶的方式來闡述那些內容。這也是修正錯誤的好時機。如果你發現錯誤、缺漏或你認為不正確的部分，可以去找老師談談。

> 做完筆記後不久就檢閱它們。是否有遺漏什麼或不完整的地方？你看得懂你記下來的內容嗎？整理筆記並把教授的話轉換成你自己的語言，有助於日後回想這些內容。

注意，你不必等到下課後，或依靠自己的記憶來修改筆記。如果講課中有空檔（如老師正在準備播放影片或準備示範東西），你可以利用那段時間修改剛剛做的筆記。此外，你可以在空檔或下課後不久，與同學核對筆記。與同學核對筆記以確保準確性，是一個好習慣。你複習筆記時，同學說不定也能幫上忙。

Step 3：複習

請注意，R3法中的第三個R並不是指重讀（re-READ），而是複習（reVIEW）。你複習時，不是被動地瀏覽筆記，而是以批判的眼光，積極主動地檢視它們。你就像在審查獎學金申請書或挑選履歷表的評審一樣：你在問「這個內容有多好？」在這個過程中，你不會添加更多的內容（像修改階段那樣），而

是努力鞏固記憶中的資訊。本書第二部分的章節會說明，如何有效地複習筆記以增進理解與記憶。

實戰練習：改善做筆記的方式

與前面的自我評估類似，接下來的評估將幫你衡量你用實證的最佳做法，來充分利用筆記的程度（Chen, 2021）。再次想想你現在正在修的某門課，思考你做到以下各項的程度。這次我們保留了各部分的名稱，這樣你就能看出你需要練習與改進的地方。一旦你掌握了前面評估的項目（亦即「立即開始」中的問題），你可以把這個清單當成提升筆記能力的檢核表。

精緻化

1. ＿＿我閱讀教科書中的相關章節，並用我自己的話在上課筆記中增添補充資訊。
2. ＿＿我以畫線或注釋的方式，在筆記中標出重要的內容。

3. ＿＿＿為了幫助記憶，我在老師說明的重要內容旁邊，寫下我熟悉的例子。
4. ＿＿＿我在重要的觀點或概念旁邊，加上額外的說明。
5. ＿＿＿我把上課時記下的關鍵詞，整理成我看得懂的句子或內容。

組織
1. ＿＿＿我把筆記內容整理成大綱或圖表。
2. ＿＿＿我會整合教科書的內容和我的筆記，然後理出整體結構。
3. ＿＿＿我用數字來標注筆記內容的順序或脈絡。
4. ＿＿＿我閱讀教科書的相關章節，然後註記筆記中那些主題之間的關係。
5. ＿＿＿我參考教科書或講義中的大綱，然後重新整理筆記的內容。

尋求協助
1. ＿＿＿我會諮詢同學或老師，以確認筆記內

容的意思。

2. ____ 我與同學核對筆記,並把我可能遺漏的要點補充到我的筆記中。

3. ____ 我會諮詢同學或老師,以補充上課時未完整記錄的部分。

4. ____ 我會諮詢同學或老師,以釐清筆記中仍不清楚的部分,然後做必要的修改。

注:摘自 "In-Class and After-Class Lecture Note-Taking Strategies," by P.-H. Chen, 2021, *Active Learning in Higher Education*, 22(3), pp. 245-260. (https://doi.org/10.1177/1469787419893490). Copyright 2021 by SAGE. 經許可轉載。

　　無論是用電腦、還是紙筆,做好筆記的關鍵是專心。即使你是手寫筆記,但你做筆記時也傳簡訊或分心的話,你還是可能錯過講課的重點。相反的,如果你能專注聽課,並把講課內容、指定閱讀、生活連結起來,你就能記住更多。

　　選擇做筆記的方式時,不只考慮實用性與速度而已。由於我們每天花很多時間使用電子產品,你可能會想用手寫的方式做筆記,讓自己暫時擺脫電子產

品。誠如第2章建議的紙質行事曆一樣,這是選購精美筆記本的好機會。挑選一本你喜歡看、帶在身邊、也喜歡使用的筆記本。為每門課挑選明顯不同的筆記本,也有助於在腦中區分不同的內容。

不要害怕使用紙筆並以視覺方式來呈現想法。在某些課堂上,老師會畫圖表或在螢幕上展示流程圖。雖然這種內容很難用電腦記錄(除非你能拍照),但你可以用紙筆輕易畫下來。本書每章最後的摘要圖顯示,筆記也可以畫得很好看。那是我們的學生佩琪的作品,她為每一章的摘要繪製了圖像。她示範了如何先記下課堂的要點,再以繪圖方式來精緻化及組織筆記。

策略歸納

做筆記有許多不同的用途,是一項值得學習的重要技能。做好筆記的能力不僅在高等教育階段對你有益,在其他場合也能派上用場。無論你是擔任陪審員(如本章開頭的故事情境),或是參加工作研討會或會議,做筆記的能力都會直接影響你對內容的記憶。

不同的課程可能需要採用不同的筆記策略。看看哪些策略對你比較有效。如果你想知道你是否記下最重要的內容，可以請老師幫你看一下筆記，或參考其他同學的筆記。話說回來，做好筆記通常只是達成學習目標的開始。但只要你筆記做得好，你已經開始效法高手的學習方式了。高手會運用有效的讀書策略來了解及記住筆記，這也是後續幾章的重點。

用對方法，學習事半功倍

- 學習高手會做有條理的筆記，來幫他們掌握課堂討論的內容，也幫他們深入了解重要概念。
- 成功的關鍵在於從多種筆記法中，找到最適合你的方法，幫你掌握內容，也作為學習的輔助工具。
- 在上課前完成指定閱讀有助於做好筆記。

延伸閱讀：Peverly, S. T., & Wolf, A. D. (2019). Note-taking. In J. Dunlosky & K. A. Rawson (Eds.), *The*

Cambridge handbook of cognition and education (pp. 320-355). Cambridge University Press.

佩琪‧赫博多繪圖，經許可刊印。

第 3 章　做好筆記，重點全記　115

PART II

必備策略

第4章

用「間隔練習」，記更牢、考更好

本章你會學到：
- 你是未雨綢繆的人、臨時抱佛腳的人，還是按部就班分散練習的人。
- 其他學生如何研讀課程。
- 像學習高手那樣安排讀書時間的四個關鍵步驟。

傑瑞米與索妮雅是認真的學生，他們都希望在心理學概論這門課上拿高分。他們也確實遵循了老師一直以來的建議：及早開始準備！他們認真做筆記，遵守良好的讀書計畫，確保睡眠充足，也養成了其他健康的生活習慣。他們每週都會研讀指定的章節與筆記好幾次。期中考來臨時，他們都有信心拿高分。但遺憾的是，他們期中考都只拿C，這個結果令他們大為震驚，到底是哪裡出了問題？

　　為了回答這個問題，請先花點時間想想你真正擅長的事。也許你是優秀的舞者或傑出的電玩高手，也許你是校內數一數二的音樂家，或是相當出色的籃球員。幾乎每個人都有擅長的領域。那麼，關鍵的問題來了：你是如何培養這些技能的？沒有人先天就精通某項技能，更不可能一開始接觸新事物就表現優異。那麼，人究竟是如何達到精通的境界？這個問題有個放諸四海皆準的答案：不論是哪個專業領域，**間隔練習**（spaced practice）都是達到精通的基石。

會間隔練習，學習效果大大升級

　　高手學習時常採用「間隔練習」的方式，這是指你讀了某些內容後，至少在另一天再回頭複習一次同樣的內容。在規劃運動或樂器等技能的基礎訓練中，間隔練習看起來很自然。比方說，如果你想提升籃球罰球的命中率，那麼今天練罰球，明天只練運球，不算是間隔練習。要成為神射手，你需要第二天繼續練罰球，而且很可能要持續練好幾天。雖然這似乎是常識，但多數人沒意識到，這種能幫人學習技能（如打電動或拉小提琴）的間隔練習法，對於像高手一樣學習、並在大學裡拿到優異成績也很關鍵。

　　舉例來說，現在有3位學生在準備心理學概論的第一次考試。那門課是每週一、三、五上課。如〈圖4.1〉所示，「間隔練習者」和「未雨綢繆者」都在第一次考試的前三週開始準備，每次的讀書時間都差不多（約2小時）。間隔練習者每次學習時都先複習前一天課堂上的內容。例如，在第一週的週一，老師講授了歷史單元的前半部分（圖中的歷史一），所以間隔練習者在週二花時間研讀了這部分。不過，在讀完

〈圖4.1〉三種讀書時間表的範例

	間隔練習者	未雨綢繆者	臨時抱佛腳者
第一週			
週二	讀歷史一	讀歷史一	
週四	讀歷史二 複習歷史一	讀歷史二	
第二週			
週二	讀實驗法一 複習歷史二	讀實驗法一	
週四	讀實驗法二 複習歷史一 複習實驗法一	讀實驗法二	
第三週			
週二	讀神經元一 複習實驗法二 複習歷史二	讀神經元一	
週四	複習所有內容	複習所有內容	讀所有內容

週五：第一次考試，涵蓋歷史一與二、實驗法一與二、神經元一

新內容後,他會回頭複習之前讀過的內容。比方說,在第一週的週四,他先學習週三教的歷史單元後半部分(歷史二),然後再複習歷史一的內容。

在整個學期中,隨著新教材不斷增加,間隔練習者會在每次讀書時既學習新內容,也盡可能複習舊內容。相較之下,未雨綢繆者雖然也很早開始準備,但他只專注於剛上課學到的新內容。未雨綢繆者確實把讀書時間分散了,但並不是真正的間隔練習,因為間隔練習需要回頭複習先前讀過的內容。值得注意的是,這兩種學生都會在考試前夕再複習一遍,所以未雨綢繆者也算是做了一點間隔練習(這很好),而間隔練習者則是再次複習所有的內容。這兩種學習方式都與臨時抱佛腳的學生形成鮮明的對比,臨時抱佛腳的人往往是在考試前一晚(或前兩晚)才開始認真準備。

在繼續往下讀以前,請先誠實地思考以下幾個問題:

- 你認為哪一類學生在第一次考試中表現較好?

- 如果學期末突然來一個涵蓋所有內容的總抽考，誰會記得較多資訊？
- 或許最重要的是，這三種學習類型中，你的讀書方式最像哪一種？你是間隔練習者、未雨綢繆者，還是臨時抱佛腳的學生？

如果你是間隔練習者，恭喜你！在其他的章節中，我們會討論複習時可用的最有效策略。傑瑞米和索妮雅就是典型的未雨綢繆者，但他們沒有對同樣的內容做間隔練習，因此無法獲得間隔練習的效益。不過，如果你也是未雨綢繆者，好消息是你只需要調整讀書方法，在每次讀書時，除了學習新內容以外，也複習一下之前學過的內容就好了。要是你習慣臨時抱佛腳，只要安排更多間隔練習的時段，就能大幅提升學習成效。換個學習方式，你將獲益良多！

> 間隔練習是最有效的學習方式，指在學習某個課程的內容後，至少在另一天再次複習同樣的內容。

多數的學生是哪種類型呢？在一項大規模的調查中，研究人員詢問大學生，他們打算何時準備即將到來的考試，結果如〈圖4.2〉所示。實線顯示，許多學生**打算**分散讀書時間（我們不確定他們是打算像未雨綢繆者、還是像間隔練習者那樣複習），但他們確實打算在考試前很久就開始準備。然而，即便如此，多數學生仍打算在考前一晚加強複習。考試結束後，研究人員又詢問這些學生實際上是什麼時候讀書及讀多久。虛線顯示，儘管許多學生原本打算及早開始讀書，但學期開始後，他們往往難以達成目標，實際讀書時間比預期少很多，大部分的內容都拖到考前一兩天才讀。考前一晚才臨時抱佛腳不見得不好，只要你能確保考前睡眠充足就好。不過，如果你不僅能提早開始（就像許多學生原本打算的那樣），還能間隔練習，你的學習效果會大大提升。

間隔練習的威力，百年研究告訴你

若要像高手一樣學習，間隔練習是必要的，但我

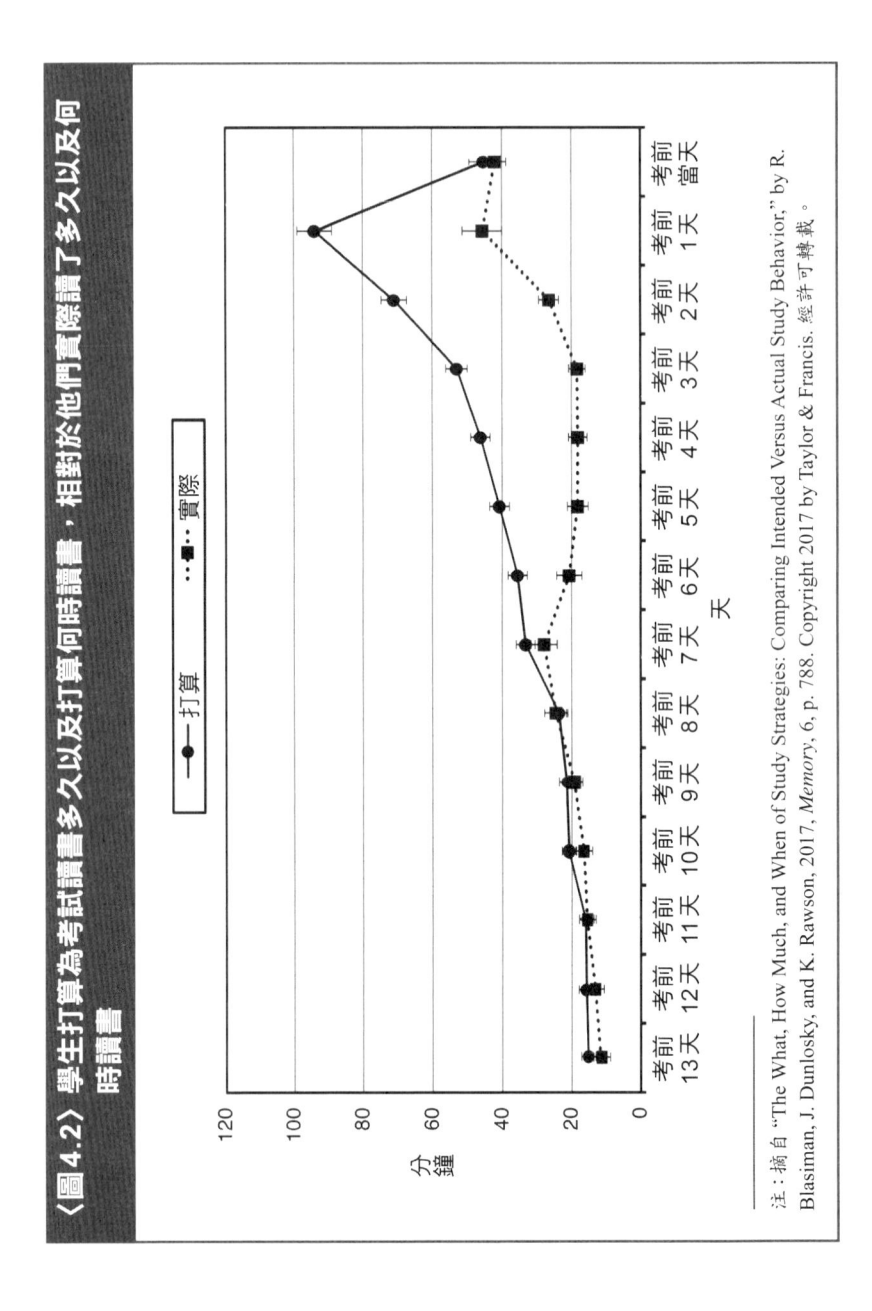

〈圖4.2〉學生打算為考試讀書多久以及打算何時讀書，相對於他們實際讀了多久以及何時讀書

注：摘自 "The What, How Much, and When of Study Strategies: Comparing Intended Versus Actual Study Behavior," by R. Blasiman, J. Dunlosky, and K. Rawson, 2017, *Memory*, 6, p. 788. Copyright 2017 by Taylor & Francis. 經許可轉載。

126　Study Like a Champ

們如何確定這點？上百年的研究已經證實，相較於密集學習或臨時抱佛腳，間隔練習能大幅提升長期表現與記憶留存。1885年，赫爾曼・艾賓浩斯（Hermann Ebbinghaus）以自己為唯一的實驗對象，做了第一個有關記憶的實驗研究。透過一系列巧妙的實驗，他發現：把簡單的語言內容分散在幾天學習，比在單次學習中密集塞入所有內容，學得更快。此後的數百項研究也證實，採用間隔練習的學生，通常比未雨綢繆或臨時抱佛腳的學生成績更好。而且，在許多情況下，這種成績差異非常顯著（關於歷史與分析回顧，請參見Cepeda等人2006年的研究，以及Wiseheart等人2019年的研究）。間隔練習確實可以大幅提升學習效果和記憶留存！

然而，就像我們訪問的一些學生一樣，你可能會說：「我知道間隔練習，但這種方式對我不太有效，我考前臨時抱佛腳的效果比較好。」要是你這樣想，你要知道這是錯的。這是常見的誤解，可能來自兩個原因。首先，臨時抱佛腳也許讓你的成績低空飛過，這很自然會讓你誤以為臨時抱佛腳是有效的學習方法，能帶來持久的學習效果。但事實並非如此：如果

你只靠臨時抱佛腳來準備考試，考後很快就會忘了大部分的內容，甚至考前就遺忘不少。再者，間隔練習的效果幾乎是普遍適用的：它對小白鼠有效，對蜜蜂有效，對記憶力嚴重受損的人也有效，所以它一定也對你有效。不過，你需要正確使用這種方法，本章稍後會提出相關建議。嘗試不同的學習技巧以了解哪種技巧最適合你是好事，但很遺憾，如果你使用某種技巧的方法不對，你可能對它的效果產生誤解。我們可以理解這種誤會，因為有時要正確運用一種技巧以獲得應有的效果並不容易。不過，誠如上百年的研究所示，間隔練習確實有效，我們很快就會提供具體的建議，教你如何掌握其效果。

在探討真實課堂研究的證據以前（這些研究與你最相關），我們想再分享一些有關臨時抱佛腳的想法。臨時抱佛腳基本上就是把大部分（甚至全部）的書都留到考前一晚才讀，而且我們猜想，許多情況下，這種臨時抱佛腳的讀書往往演變成通宵熬夜，使學生無法獲得充足的休息。一項研究顯示，多數學生（各種數理學系）是靠臨時抱佛腳的方式來準備考試。這項研究是把學生的學習內容放在網路上，因此

研究人員可以觀察學生的學習時間（Taraban等人，1999）。多數學生都拖到考前一晚才開始拼命K書，這就是典型的臨時抱佛腳！

我們非常建議你不要臨時抱佛腳。考前一晚讀書很好，這可能有助於緩解緊張的情緒，讓你對課程內容更有把握，為翌日的考試做好準備。但是，如果只靠臨時抱佛腳，不用間隔練習法，你恐怕無法發揮最佳潛力。光是臨時抱佛腳，你很容易迅速遺忘內容，所以如果期末有涵蓋整學期內容的總測驗，你可能記不住多少以前學過的內容，而且在準備總測驗時，讀得很吃力。最重要的是，萬一你為了臨時抱佛腳而徹夜未眠（或熬到很晚），你的睡眠會受到影響。但充足睡眠是充分發揮實力的關鍵。這點非常重要，所以本書後面（第9章）會再次提到。

300多位學生實測！把讀書時段隔開，考試成績更好

我們稍後會詳細說明如何正確使用間隔練習法

（及其他技巧），以提升學習效果。不過，在此之前，讓我們先來看一項真實課堂的研究，它清楚顯示了間隔練習的效益。我們介紹這類研究的目的，不僅是要說服你相信間隔練習確實有效（相信我們，它真的有效！）也是想向你展示在學習課程內容時，可運用間隔練習的各種方法。在這項研究中，古倫與伯恩斯（Burns）（2019）與300多位來自九所大專院校的學生合作，研究他們準備心理學概論考試的方式。他們把學生分為兩組：一組使用間隔練習（如〈圖4.3〉所示），另一組採用比較密集的讀書方式。密集讀書通常是指在單次讀書中塞入大量內容，但在這項研究中，研究人員沒有明確要求學生何時讀書，只告訴他們在考前密集閱讀大部分的內容。此外，研究也讓學生在讀書時做不同程度的提取練習（retrieval practice）。提取練習是指嘗試從記憶中提取需要的資訊。在這項研究中，學生是做練習測驗來提取資訊。我們會在第5章詳細討論提取練習。現在要強調的重點，是間隔練習的影響，你可以從〈圖4.3〉看到結果：讀書時間盡可能分散開來時，考試成績更好（差距達一個等級）。

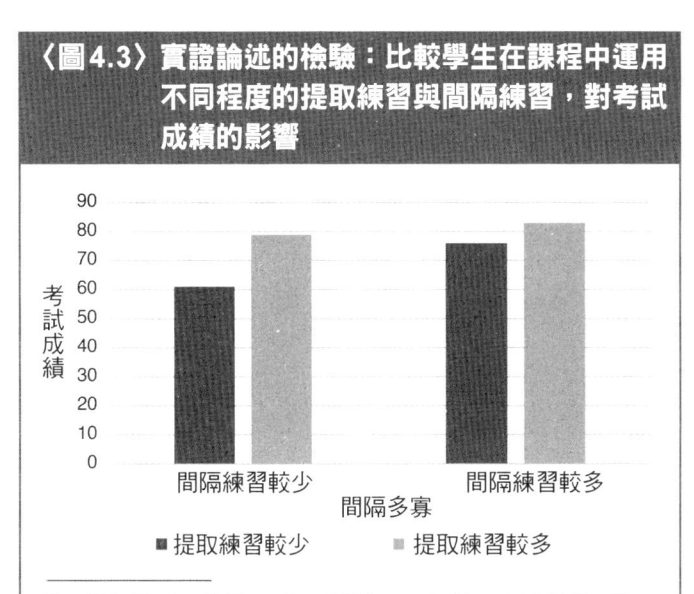

〈圖4.3〉實證論述的檢驗：比較學生在課程中運用不同程度的提取練習與間隔練習，對考試成績的影響

注：摘自 "Putting Evidence-Based Claims to the Test: A Multi-Site Classroom Study of Retrieval Practice and Spaced Practice," by R. A. R. Gurung and K. Burns, 2019, *Applied Cognitive Psychology*, 33(5), p. 740 (https://doi.org/10.1002/acp.3507). Copyright 2019 by John Wiley & Sons. 經許可轉載。

如何善用間隔練習？

　　光是分散練習時間雖然有幫助，但還不夠。為了充分達成學習目標，你需要在讀書時做一些規劃和記錄（參見第2章）。後文的詳細例子顯示，如何善用間隔練習來準備生物學概論四個章節的考試。當然，

間隔練習有多種運用方式，所以我們並不期待你完全按照這些細節來做。相反的，我們盡量提供足夠的細節說明，讓你能靈活調整這個技巧，來準備實際的考試。

在接下來的章節中，你將學習：

- 在單次讀書時段中，如何運用間隔練習技巧。
- 如何安排多次讀書時段的間隔練習。

首先，我們說明如何在單次讀書時段中，運用間隔練習來學習新內容，就像你開始閱讀課堂筆記一樣。接著，我們討論如何安排多次讀書時段的間隔練習。基本概念是每週安排幾次較短的讀書時段（每次約1、2個小時），這樣你就能運用間隔練習和我們在後續章節介紹的其他有效學習策略，來達到、甚至超越你的學習目標。你最終需要自己決定，你在每門課中能夠或想要投入多少時間。達到目標所需的時間，可能會因課程難度而有很大的差異。不過，我們的建議是假設你願意像高手那樣認真地學習，包括制定讀書計畫、管理時間，並在達到學習目標時獎勵自己。

4大步驟，最大化間隔練習的成效

假設你正在修生物學概論，每週一與週三上課。你剛上完第一堂課，內容是有關生命的化學基礎。老師講課時，播了一些影片。下課時，你記了約四頁的筆記，裡面包含了許多第一次考試需要知道的資訊。這些資訊可能包括基本概念的含義（比如酸和鹼），以及重要結構的名稱（例如主要分子）。你已經有很多需要學習的資訊，而且兩天後會上第二堂課。第一堂課結束後不久，是開始使用間隔練習的好時機，這有助於你學習、甚至精通這些困難的內容。

Step 1：規劃讀書時間表

首先該做什麼？為了有效運用間隔練習技巧，我們非常建議你先為整個學期規劃讀書時間表。首先，確定每週你有幾個時段可以拿來讀生物學，然後在行事曆上框出這些時間，專門用來讀這門課。或許你決定每週安排兩個讀書時段來讀生物學，每個時段各2小時，都排在每次上課後的隔天。當然，對比較難的內容來說，這可能不夠（對較簡單的內容來說，則可

能太多），所以關鍵是先訂定合理的時間表，然後根據需要做調整。這種每週兩次的讀書時段安排，就像〈圖4.1〉中未雨綢繆者和間隔練習者採用的方式。但你應該成為間隔練習者，而不只是未雨綢繆者，所以你該怎麼做？

Step 2：單次讀書時段的間隔練習

想像你現在坐下來，開始第一次讀書時段。我們建議你先複習筆記，確保你都看得懂。對於看不懂的部分，先做記號，以提醒自己進一步求助。這時可以用螢光筆標示（也許用一種顏色表示「我看不懂」），這樣你就會記得去查閱課本的相關章節，或請老師再講解一次。複習筆記時，也要用螢光筆標出你覺得需要記住的重要內容（或許用另一種顏色表示「這個會考」）。初步複習筆記可能只需要約30分鐘，比你預先騰出的讀書時段還短。接下來該做什麼？

在2小時的讀書時段中，這時適合稍作休息，站起來走動，也許做些開合跳與伸展筋骨。短暫休息做點肢體活動，多半能讓人提振精神，讓剩下的讀書時

間更有效率。你可能想停止學習去做別的事情，這或許是因為你覺得你已經熟悉第一天上課的內容了。但這樣做恐怕不是好主意，因為你剛上過課，剛接觸過那些資訊，所以你複習時可能會有已知的錯覺（參見第1章的「知道感」），覺得大部分的內容都很熟悉，這種熟悉感會讓人誤以為自己已經充分了解了，但實際上還沒了解到足以應付考試的程度。這種熟悉感往往很短暫，而且不代表你真的懂了並記住那些內容。

為了解決這種問題，可以在單次讀書時段中做間隔練習。不要馬上收起筆記，而是回頭複習一次剛才看過的內容。這是為了進一步加強你對內容的了解，如果複習時能運用有效的學習策略（如提取練習或自我解釋，第5章與第6章會詳細說明這些策略），效果可能更好。換句話說，間隔練習只是一種安排讀書的方式。在這個例子中，你安排時間在單次讀書時段中以及多次讀書時段之間，讀相同的內容。但在單次讀書時段中，應該複習幾次呢？

間隔練習的研究並未明確地回答這個問題，我們認為單次讀書時段中的最佳複習次數可能沒有絕對的標準。不過，別擔心，如果你有效運用間隔練習法，

在後續的讀書時段中,你還會複習同樣的內容好幾次。這有部分是因為在單次學習中要完全熟悉內容很難,就像我們很難一個晚上就精通某個新電玩遊戲一樣。

Step 3:多次讀書時段的間隔練習

週三的課更深入地講解了分子結構與共價鍵,週四你坐下來讀書。除了上一堂課的筆記以外,你又多了約三頁的新筆記。先按照前面討論的方式複習新筆記:標記不懂的部分,以及你確定會考的重要內容。複習完最新的筆記後,你應該回到筆記的最前頭,重新複習所有的內容。這樣一來,你就把第一堂課的筆記內容分散在兩個讀書時段了,也把新筆記的研讀分到了這次的讀書時段。即使是已經在兩個讀書時段讀過的內容,你可能還是會忘記一些,所以考前你應該至少再安排一次間隔練習的時段來複習。

間隔練習要做幾次才算足夠?同樣的,這個問題也沒有明確的答案。對於你覺得特別難的內容,你可能需要在每次讀書時段都持續複習,直到你確定不會忘記為止;其他內容可能只需要複習一兩次就夠了。

好消息是，如果你結合間隔練習（這只是一種安排讀書時段的方法）和提取練習（這是一種能讓你積極投入又有效的學習技巧，還能讓你追蹤學習進度），就能清楚知道你對課程內容的理解程度，以及是否需要在往後的讀書時段中再複習。這種策略的組合，也就是反覆練習提取相同的內容，直到你能正確提取資訊，並在多個讀書時段重複這個過程，稱為**連續再學習法**（successive relearning）。

連續再學習法是強大的學習技巧，我們將在第5章詳細討論。具體來說，我們會告訴你如何運用連續再學習法，來準確評估學習進度，並提供一些建議，教你判斷何時你已經讀夠了。

Step 4：熟能生巧

下一堂課結束後，你只需要重複前面的步驟：先複習最新的筆記，然後回到筆記的最前頭，重頭再讀一遍所有的內容。這時你可能會想：「但是到了第五或第六堂課，我已經累積了那麼多筆記，每次讀書都複習全部的內容，那怎麼可能來得及？」別擔心：只要你時間管理妥當，習慣使用間隔練習法，這種擔憂

自然會消失。而且,大約在第三或第四次讀書時段,你應該已經很熟悉第一堂課的內容(假設你使用有效的學習技巧,比如提取練習)。因此,你複習那些讀過多次的內容時,會需要越來越少的時間,這樣你就有更多的時間去複習及學習新內容了。事實上,你可能會很訝異,你竟然可以運用間隔練習法有效地學習那麼多課程內容。

要達到這種理想的學習狀態,需要紀律。你必須為所有的讀書時段制定時間表,並在每個讀書時段都讀新內容及重溫所有的舊內容。在第2章中,我們提供了許多如何善用行事曆來有效規劃的例子。沒有行事曆,你可能很難追蹤已經讀過的內容以及何時需要複習。為了幫你維持動力及獲得學習成果,我們還有更多的建議:你可以考慮設定每週目標。每週開始時,花點時間思考這週你想達到什麼成果,以及你實際上能完成什麼。也許你發現這週的行程特別忙,所以決定只完成一半的讀書時段就滿意了。或者,你這週比較輕鬆,沒什麼外務或活動要處理。這種情況下,也許你可以多安排幾個讀書時段。也就是說,你可能想為這週設定更高的目標。關鍵是設定靈活的每

週目標,以便兼顧所有的活動及達成所有的學習目標。

> 我們非常建議你先為整個學期規劃每週的讀書時間表,然後根據每週的外務與活動的需要,來調整時間表。

設好每週目標後,我們建議你制定具體的實施計畫。如果你某天安排了幾個讀書時段,那也要考慮規劃休息時段、讀書地點,以及萬一朋友打擾你該怎麼辦。假如朋友沒有相同的目標、計畫和自律,他們可能簡單問你「要不要出去玩一下?」就打亂你的計畫。和朋友玩一下固然很好,但要是那會妨礙你像高手一樣學習,害你無法達成學習目標,那就得三思了。所以,你應該預先想好要如何回應他們的邀約。在這種情況下,你可以簡單回答:「我先把手頭的事情做完,等一下告訴我可以去哪裡找你們。」這是堅持讀書計畫又維繫友情的好方法。

記得獎勵自己！

當你達到目標（或接近目標）時，記得獎勵自己。事實上，和朋友出去玩是很好的獎勵，所以何不在完成每天或每週的讀書時段後犒賞自己？每個人都有自己喜歡的獎勵方式，可能是約朋友聚會、抽空運動、追喜歡的節目，或是看最新的推理小說。不管什麼能激勵你，在每週一開始設定目標時，就把它寫進行事曆裡。別擔心，當你開始使用間隔練習法（以及第5章到第7章描述的其他學習技巧）後，學習成效的提升本身就會激勵你。當你開始發現這些技巧的效果有多好時，自然會想要更頻繁、更確實地運用它們。但何不為你的成果給自己一點鼓勵？一個很好的做法是，預先想好在讀了一整天或一週以後，要如何獎勵自己。

策略歸納

如果你和多數人一樣，你可能很少用間隔練習來準備課業，而是常常臨時抱佛腳，等到考前一兩天才

開始K書。即使你考得還不錯,但我們猜,你之所以會讀這本書,是因為你知道你的學習技巧和學業成績都還有進步空間。如果是這樣,你想得沒錯。透過越來越多的間隔練習,你會很快看到成效,包括成績提高、所學的知識記得更久。換句話說,你認真試過間隔練習法,並把它與其他的學習策略結合起來以後,你的學習效果和效率都會提升。

帶著這樣的樂觀態度,我們最後以一個問題來結束本章:你是否該完全放棄「臨時抱佛腳」這個全球學生幾乎都視為護身符的應試絕招?對此,我們有兩種不同的答案。如果你把臨時抱佛腳視為考前熬夜到很晚的延長讀書時段,我們不建議你這麼做。你應該好好睡一覺,隔天考試才能發揮最佳狀態。不過,如果你把臨時抱佛腳視為考前一晚(或考前一天)的最後複習,那當然可以!若你已經用間隔練習法來準備,最後的臨時抱佛腳應該是輕鬆地複習你已經知道的內容,那可以讓你在考試時更有信心(或許也可以減少一些焦慮)。

> **用對方法,學習事半功倍**
>
> - 將相同的內容分散在幾天研讀。
> - 設定每週目標,為每門課安排每週兩次或多次的讀書時段,並在這些分散的讀書時段中多次複習相同的內容。
>
> **延伸閱讀**:Wiseheart, M., Kupper-Tetzel, C. E., Weston, T., Kim, A. S. N., Kapler, I. V., & Foot-Seymour, V. (2019). Enhancing the quality of student learning using distributed practice. In J. Dunlosky & K. A. Rawson (Eds.), *The Cambridge handbook of cognition and education* (pp. 550-584). Cambridge University Press.

獎勵自己！

間隔練習者的成績，比臨時抱佛腳或未雨綢繆者好。

間隔學習者
臨時抱佛腳者
未雨綢繆者

學習某個內容，然後改天再回頭複習同樣的內容。

間隔練習

及早開始

練習需要紀律！

籃球時間表

☆ 設定每週目標
（每門課安排兩個以上的讀書時段）

① 為整個學期規劃讀書時段。
② 複習筆記，自問你懂什麼及不懂什麼。
　A類 ✗　B類 ✓　C類 ✓
③ 稍做休息。
④ 重讀你剛複習的內容。
　→ A類
⑤ 把學習分散在多個讀書時段。
⑥ 從頭開始重讀所有的筆記。
　A類　B類　C類

佩琪・赫博多繪圖，經許可刊印。

第4章　用「間隔練習」，記更牢、考更好　143

第 5 章

用「提取練習」，
告別死記硬背

本章你會學到：
- 從記憶中提取資訊的能力。
- 為什麼多練習是熟悉學習內容的關鍵。
- 如何把筆記和課本內容轉換成數位學習卡，以充分運用這些學習資源。

珍妮和許多學生一樣，用學習卡來準備考試，她常用學習卡來背外語單字或片語。然而，她也發現，學習卡有時確實很實用，但不見得總是如此。珍妮遇到的問題在於，她不知道學習卡只是一種工具，有多種使用方式。有些方式有助於學習，有些方式沒什麼學習效果。此外，除了用來背單字或片語以外，學習卡只要使用得當，其實是熟悉幾乎任何課程的寶貴工具。最重要的是，使用學習卡之所以有效，其中一個關鍵要素在於把提取練習融入學習方法中。事實上，運用提取練習來幫你追蹤及改善學習，是最有效的高手學習技巧之一。

什麼是提取練習？

　　提取練習是嘗試從記憶中提取你想學習的資訊。妥善使用學習卡就是提取練習的一個例子，因為每次你測試自己，試圖從記憶中回想答案，都是在做提取練習。這種測試稱為「線索回憶」（cued recall），因為有一個線索（例如：「chateau是什麼意思？」）來

引導你回想起正確的答案（在這個例子中，chateau 的意思是城堡）。我們稍後會解釋，你也可以使用其他類型的測試（例如選擇題或自由回憶），來獲得提取練習的效益。

　　提取練習不只能幫你聯想單字，還可以幫你學習更多知識。比方說，在不查定義下，試著回答「什麼是操作制約（operant conditioning）？」或「如何計算加速度？」之類的問題，就需要你從記憶中提取答案。這也算是一種線索回憶測試，因為線索就是問題本身。雖然從記憶中提取較長的定義可能很難，但努力提取答案、在答錯時重新學習正確答案，然後又努力提取答案，直到終於想起正確答案為止，是幫你長期記住內容的有效方法。不過，若要像學習高手那樣運用提取練習法，你需要知道它為什麼有效、何時有效，以及最有效運用它的方法。

兩大關鍵：一是提取，二是練習

　　提取練習可透過兩種方式來增強你的長期記憶

（Roediger等人, 2011）。首先,提取練習可以幫你**追蹤**學習狀況,並判斷哪些東西需要重複學習。第二,提取練習本身也能直接促進你對該資訊的記憶。在追蹤學習情況時,需要評估你的學習效果,而判斷你是否學會某個內容的最好方法,是從記憶中提取你試圖學習的內容。如果你想不起來正在學習的東西,等你需要資訊來回答考題時,你很可能也不記得了。因此,學習卡之所以有效,其中一個原因在於它可以提醒你哪些內容還沒學好,你還無法從記憶中提取出來,這樣你就知道你需要再次學習那些資訊。至於提取練習的第二個好處,是當你能夠正確地從記憶中提取所需的資訊時,這個過程本身就能直接增強你對該資訊的記憶。

提取練習其實是「習題測驗」（practice test）的另一種說法。但誰會想要做這種令人焦慮的測驗?好消息是,當你自己做提取練習時,因為不算分,你比較不會焦慮。此外,如果你做夠多的習題測驗,並利用提取練習來追蹤你的熟悉程度,等到你真的去考試時,可能也比較不會焦慮。你或許已經注意到,我們剛才說的提取練習,不管是什麼形式,本質上都是習

題測驗。所以不管你選擇用哪種測驗方式來練習,都能幫你學習,這點並不令人意外。

我們教學時,會在課堂上運用提取練習。我們兩個常在一堂課開始時,先問學生一個上週教過的問題。有時我們也會從當天的指定閱讀中,提出一個問題。在公布答案以前,我們會給學生一些時間,讓他們檢視自己是否記得答案,並確保每位同學都試著回答。我們的學生很喜歡這種方式,事實上,大多數的學生都希望我們在課堂上多做這樣的練習。好消息是,即使沒有老師的協助,你也可以自己這樣做。

前面提過,線索回憶是你可以輕易使用的常見測驗類型。只要自問一個問題,然後試著回想答案就好。而老師常用來評估學生知識的選擇題,也可以拿來做提取練習。當然,自己編寫選擇題恐怕很耗時,也可能很難,但許多教科書都有附上練習題。在我們教的某些課程中,學生會一起使用Quizlet(https://quizlet.com)等免費程式來製作練習題。你們可以辦個提取練習派對(或讀書會)!

想一想，你多常做提取練習？

在我們討論提取練習確實有效的證據以前，請先回答這個問題：平常一天中，你多常做提取練習？

很多人都沒有意識到我們平常有多仰賴提取練習，來看兩個例子。首先，你今天騎車上學嗎？騎對路線就是一種提取練習，你之所以能不假思索地騎車去學校或工作地點，是因為你已經從記憶中提取這條路線太多次了，幾乎閉著眼睛就能完成。如果轉錯彎路或迷路，那就表示你下次需要多注意那個路段。第二個例子，晚上放鬆時，你會打電動或演奏最愛的樂器嗎？如果你會做這些事情，那也是在做許多提取練習。

我們訪問過許多很會打電動的學生，他們之所以玩得那麼好，那都和（間隔）提取練習的神效有關。具體來說，他們需要提取如何破關的正確資訊，並練習提取正確的手部動作組合，以便在電玩環境中達成目標。人日復一日做這種提取練習時（即使是像騎車去商店這種毫無壓力的事情），熟能生巧也就不足為奇了。重點是，你可能每天都在做很多的提取練習，

只是你沒有意識到罷了。這個認知很重要,因為你在日常活動與休閒活動中自然而然用來追求卓越的方法,同樣也能用來準備考試。事實上,要成為學習高手,在追求任何學習目標時,你都需要非常仰賴提取練習。

當我們說提取練習「有效」,究竟是什麼意思?

除了間隔練習的研究以外,提取練習是另一個大家最常研究的學習技巧,它能有效提升學生的記憶力、學習成效和理解力。但研究人員究竟是怎麼測試提取練習是否有效的?當然,幾乎所有關於人類記憶與學習的研究,都會涉及某種形式的測驗,但在多數的記憶研究中,測驗是用來衡量受試者學習**後**的記憶表現。不過,對於想要成為學習高手的人來說,這裡有個重要發現:人們參加測驗時,測驗本身不僅能衡量記憶力,也能**增強**記憶。這個論點已經獲得上百年研究的佐證。做測驗(也就是做提取練習)確實有

效，而且效果相當顯著。但是，當我們說提取練習「有效」時，這究竟是什麼意思？

為了幫你了解這個問題的答案，我們來看巴特勒（Butler, 2010）做的一項典型研究。他讓大學生讀一篇約1,000字的短文，內容描述複雜的科學過程，例如蝙蝠如何使用回聲定位。讀完文章後，學生有機會利用提取練習來熟悉文章中的某些事實與概念。在這種提取練習中，學生需要做線索回憶測驗，回答諸如以下的問題：「世界上有多少種蝙蝠？」（事實）和「回聲定位如何幫蝙蝠判斷獵物的大小與位置？」（概念）。學生回答問題後，會看到包含正確答案的文章段落。

對於短文的其他段落，學生是在不做提取練習下，重讀相同的節錄內容。這個程序的關鍵在於，所有學生在每種學習方法上（無論是測驗或重讀）花的時間一樣。最後的測驗包含一組新的問題，要求學生運用他們從文章中學到的知識。例如，他們可能被問到「蝙蝠如何判斷昆蟲是正在靠近牠、還是遠離牠」，這個問題雖然沒有在文章中明確說明，但學生只要了解蝙蝠的回聲定位原理，就能回答。巴特勒的

研究發現了什麼？

如〈圖5-1〉所示，在三個不同的實驗中，無論問題是關於事實、還是概念，當學生做過線索回憶測驗，最終的測驗成績都比單純重讀高出約20%。請記住，學生在自我測驗或單純重讀上花的時間相同，所以儘管測驗感覺比單純重讀資訊還難，但測驗是更有效的學習策略，也更善用時間。這裡的重點是，先測驗自己。當你答對時，可以增強你對教材的記憶；答錯時，那表示你確實需要重讀你還無法提取（想不起來）的內容。

> 儘管測驗感覺比單純重讀資訊還難，但測驗是更有效的學習策略，也更善用時間。

所謂的**測驗增強學習**（test-enhanced learning），是指測驗可以促進學習效果。這方面的相關研究正在增加，部分原因在於教育研究者已經發現，提取練習有改善學生成績的強大潛力。事實上，過去幾十年來，研究已經證明提取練習可以強化多種人群、教

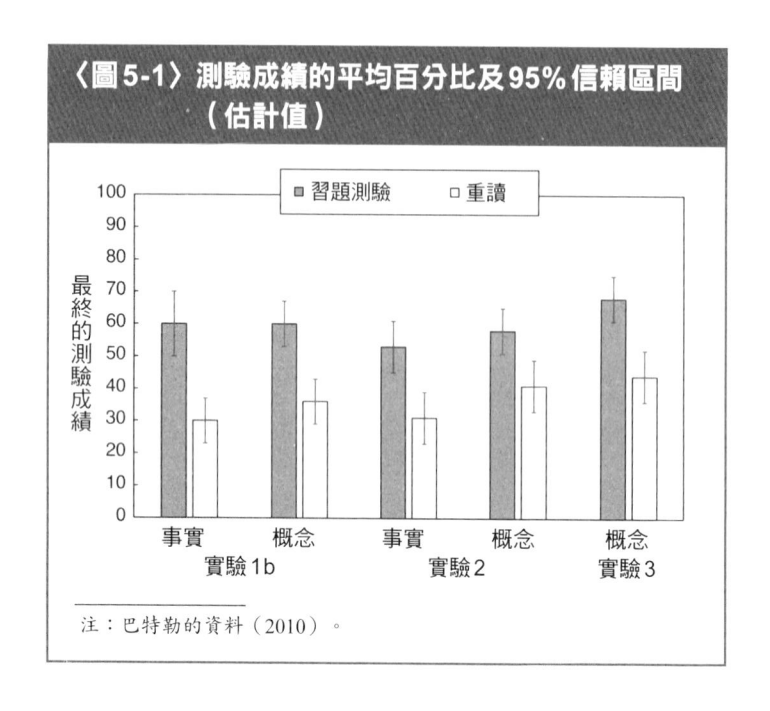

〈圖5-1〉測驗成績的平均百分比及95%信賴區間（估計值）

注：巴特勒的資料（2010）。

材、考試的學習效果。底下列舉的好處雖不完整，但可以讓你了解提取練習法的廣泛效益：

- 它對兒童、大學生、老年人、失語症患者、注意力不足／過動症患者都有效。
- 它能幫大家學習簡單的聯想（如外語詞彙）、文章內容、入門課程的基礎定義，以及科學過程與數學中的步驟。

- 事實證明,它不只能改善人們對測驗內容的記憶,也可以促進他們的理解力,以及在新的情境中運用所學的能力。

這個清單的重點很簡單:在你的學習工具箱中加入提取練習非常重要,因為無論你在學習什麼內容,它都能有效提升你的記憶力、學習成效、理解能力。不管你是誰,不管在學習什麼,也不管你最終要如何運用所學,這個道理都適用。

高分背後的科學證據

課堂的提取練習研究通常分成兩類:一種是教師在每堂課中做某種練習測驗,以衡量課堂測驗強化學習效果的程度。另一種是學生在課外自我測驗,然後再檢測這些習題測驗的影響。在本節中,我們先來看第一類課堂研究,接著再談自習時善用提取練習的相關研究。

在一門《大腦與行為》的課程中,學生為了準備

重要的考試而做了複習測驗（Thomas等人，2018）。所有的複習測驗都是簡答題，內容涉及事實或概念應用。舉例來說，在有關大腦皮質的複習測驗中，事實類問題的例子如下：「新皮質的細胞結構是由什麼組成的？」應用類問題的例子如下：「你正在顯微鏡下觀察一小片大腦組織。什麼特殊的組織結構會讓你判斷那是新皮質？」（摘自Thomas等人2018年研究的附錄A）。所有的學生都做了這兩類複習測驗，內容涵蓋多項主題。期末的重要考試則都是選擇題，其中一些問題是複習測驗涵蓋的內容（例如新皮質），但也有一些問題是複習測驗中沒出現的內容。期末考試包含事實類與應用類的問題，所以學生即使在複習測驗中答過新皮質的事實類問題，考試時可能需要回答新皮質的應用類問題。考試成績如〈圖5.2〉所示，這裡有幾個值得注意的結果。

　　首先，相較於複習測驗中沒出現的內容（〈圖5.2〉中的空白長條），學生做過複習測驗的內容（無論是事實類、還是應用類的測驗題，圖中的陰影長條），考得比較好。第二，不出所料，當複習測驗的題型與考試題型相符時，學生的表現最好。也就是

〈圖5.2〉考試成績與學生在複習測驗（未測驗、事實類測驗或應用類測驗）中做的簡答題類型和考試題目類型（事實類或應用類）的關係

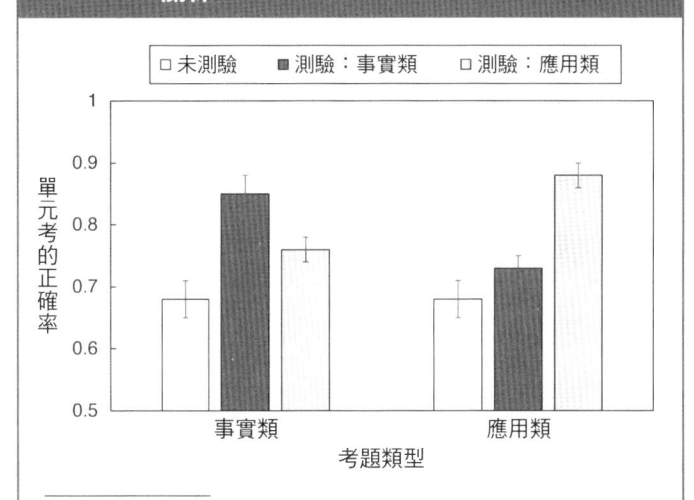

注：摘自 "Testing Encourages Transfer Between Factual and Application Questions in an Online Learning Environment," by R. C. Thomas, C. R. Weywadt, J. L. Anderson, B. Martinez-Papponi, and M. A. McDaniel, 2018, *Journal of Applied Research in Memory and Cognition*, 7, p. 255. Copyright 2018 by Elsevier. 經許可轉載。

說，複習測驗中做了事實類問題，考試中遇到事實類問題時，考得較好；複習測驗中做了應用類問題，考試中遇到應用類問題時，考得較好。第三，即使考題題型不符，複習測驗仍對考試成績有幫助。也就是說，即使學生在複習測驗時只練習了事實類問題，那

還是有助於考試中應用類問題的成績（比完全沒做過複習測驗的情況好）。這只是眾多課堂研究中的一個例子，它顯示提取練習對於不同類型的學生、課程、考試都有提升成績的效果（相關綜合分析，請見Agarwal等人, 2021）。

做好這三件事，掌握強大的讀書技巧

　　連續再學習法是一種非常強大的學習技巧，這主要是因為它結合了兩種有效的學習方法：提取練習和第4章討論過的間隔練習。更具體地說，連續再學習法的第一步是，先嘗試回答測驗問題或提示，然後檢查你的回答是否正確。如果答錯了，就需要重新學習，並重複前述步驟，直到你答對所有的測驗問題。這是一種**達標學習法**（learning to a criterion），你的學習標準是「一次正確回想」（亦即所有的題目都答對一遍）。目標是在一次讀書時段中持續練習，直到你達到這個標準。

　　如果你曾經用過學習卡，可能很熟悉這個程序：

你從一疊卡片開始，一面有提示（或問題），另一面有正確答案。然後，你依序考驗自己並學習每張卡片的答案。如果你回想起正確答案，就把那張卡片放在一旁。要是答錯，就把卡片放到那疊卡片的最下面。這就是連續再學習法的提取練習部分。接著，你持續翻閱那疊卡片，直到每題都答對一遍（亦即達到「一次正確提取」的標準）。每疊卡片需要有很多張卡片，這樣你答錯一題並重新學習其答案後，還要再隔幾分鐘才會重新測試那題。這種做法讓你在一次讀書時段中間隔練習那些內容。

這個程序（持續練習提取答案，直到正確回答所有題目），只是連續再學習法的第一步。下一步是在一次或多次讀書時段中，針對相同的學習內容，重複這個程序。換句話說，你完成某一疊卡片的學習後，你需要再拿起同一疊卡片來練習幾次，而且最好把這些練習分散在幾天進行。你之所以需要回去**重新學習**那疊卡片，是因為即使你能正確想起所有問題的答案，之後還是會忘記一些（也許是很多）答案。換句話說，答對所有題目一遍並不表示你就已經熟悉那個內容了，所以你需要回頭複習。

使用連續再學習法來學簡單的關聯很簡單。事實證明，許多學生在學習第二外語時會使用很多學習卡。許多學生沒有意識到，學習卡（或類似工具）也可以用來學習其他內容，包括複雜的定義和概念、過程的步驟順序、較長的科學和歷史文本與描述等等。遺憾的是，使用連續再學習法來有效學習這些比較複雜的內容，確實會帶來一些挑戰。為了幫你了解這些挑戰，我們在〈圖5.3〉中納入了連續再學習步驟的流程圖。這張圖只是以圖像方式來呈現前述步驟。在接下來的段落中，我們會逐步簡介每個步驟，以突顯出你用這個技巧來學習較複雜內容時，可能遇到的挑戰。

Step 1：準備習題測驗

雖然連續再學習法的第一步驟只是自我測驗，但你可能需要先準備習題。前面提過，學習卡的一面應該有提示，另一面有答案。這種方法適用於多種內容，從簡單的字詞配對，到複雜的資訊如清單等等。你可能已經知道如何為簡單的關聯製作及使用學習卡，同樣的方法也適用於更複雜的內容。我們來看幾

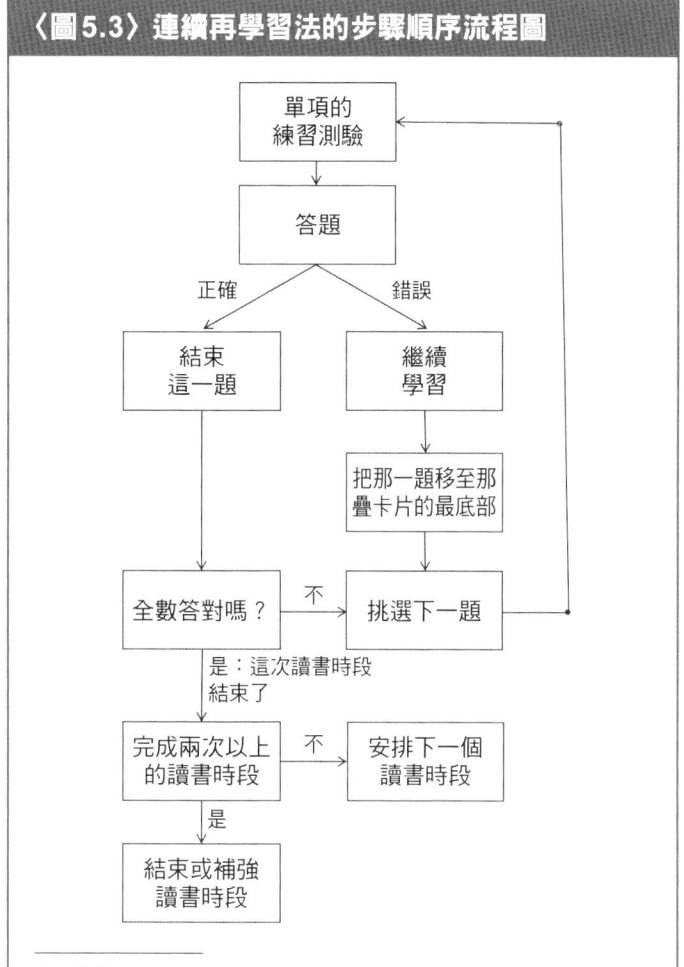

〈圖5.3〉連續再學習法的步驟順序流程圖

```
        ┌─────────┐
    ┌──▶│  單項的  │
    │   │ 練習測驗 │
    │   └────┬────┘
    │        ▼
    │   ┌─────────┐
    │   │  答題   │
    │   └────┬────┘
    │    正確│錯誤
    │    ┌───┴───┐
    │    ▼       ▼
    │ ┌─────┐ ┌─────┐
    │ │結束 │ │繼續 │
    │ │這一題│ │學習 │
    │ └─────┘ └──┬──┘
    │            ▼
    │     ┌──────────┐
    │     │把那一題移至那│
    │     │疊卡片的最底部│
    │     └─────┬────┘
    │            │
    │ ┌──────┐不 ▼
    │ │全數答對嗎？├──▶┌──────┐
    │ └──┬───┘    │挑選下一題│──┘
    │    │是：這次讀書時段
    │    │  結束了
    │    ▼
    │ ┌──────┐ 不  ┌──────┐
    │ │完成兩次以上├──▶│安排下一個│
    │ │的讀書時段│    │讀書時段│
    │ └──┬───┘    └──────┘
    │    │是
    │    ▼
    │ ┌──────┐
    │ │結束或補強│
    │ │讀書時段│
    │ └──────┘
```

注：摘自 "The Power of Successive Relearning and How to Implement It With Fidelity Using Pencil and Paper and Web-based Programs," by J. Dunlosky and A. O'Brien, 2020, *Scholarship of Teaching and Learning in Psychology*, advance online publication (https://doi.org/10.1037/stl0000233). Copyright 2020 by the American Psychological Association.

個例子。對於複雜的定義（例如「旁觀者效應」或「個人主義」的定義），你在學習卡的一面寫下術語（「旁觀者效應」），另一面寫下完整的定義。如果你想學習清單（如「顏面神經有哪些？」）則在一面寫上「顏面神經」，另一面寫上所有神經的名稱。你甚至可以用學習卡來學習較長的內容，像是光合作用的所有步驟與過程，或是動作電位（action potential）的步驟。關鍵在於找出你想用什麼字詞、片語或問題作為提取練習的提示，然後用那個提示來回想答案。

> 學習卡可以用來學習很多內容，包括複雜的定義和概念、過程的步驟順序、較長的科學和歷史文本與描述等等。

如果你不想多花時間來製作學習卡，沒關係。網路上有許多學習卡程式（很多都是免費的），可以讓這個過程變得更容易（關於這些程式對連續再學習法有多大幫助，相關綜合分析，請參見 Dunlosky & O'Brien, 2020）。有些程式甚至可以讓你與他人分享

卡片，所以何不跟朋友一起努力，分工合作？此外，在大學求學時，鄧洛斯基沒用過學習卡，但用連續再學習法來熟悉定義、清單、冗長的過程。他沒有花時間製作那些卡片，而是直接用手遮住課本章節末尾的定義，然後在紙上寫下正確定義來自我測驗。

　　用一疊便利貼，你可以在你想提取的每個答案上貼一張，並在便利貼上寫下提示詞。如〈圖5.4〉所示，你想記住圖上的物件名稱時，使用便利貼可能特別有用。在這張圖中，便利貼是貼在前腦結構的標示上，學生試著回想每個結構名稱，然後掀開便利貼來核對答案。圖右側的日期表示學生做連續再學習的每個讀書時段；每個日期旁邊的斜線表示，學生需要重新學習多少次，才能正確回想起每個答案（你可以看到，經過短短幾次讀書時段，全部答對的重新學習次數就大幅下降了）。便利貼這個方法很有效，因為你不會不小心看到正確答案，而且你可以在便利貼上記錄你的自我測驗結果（例如是否回答正確）或其他筆記（像是標示特別難學的項目）。

〈圖5.4〉用便利貼把課本變成實用的學習卡

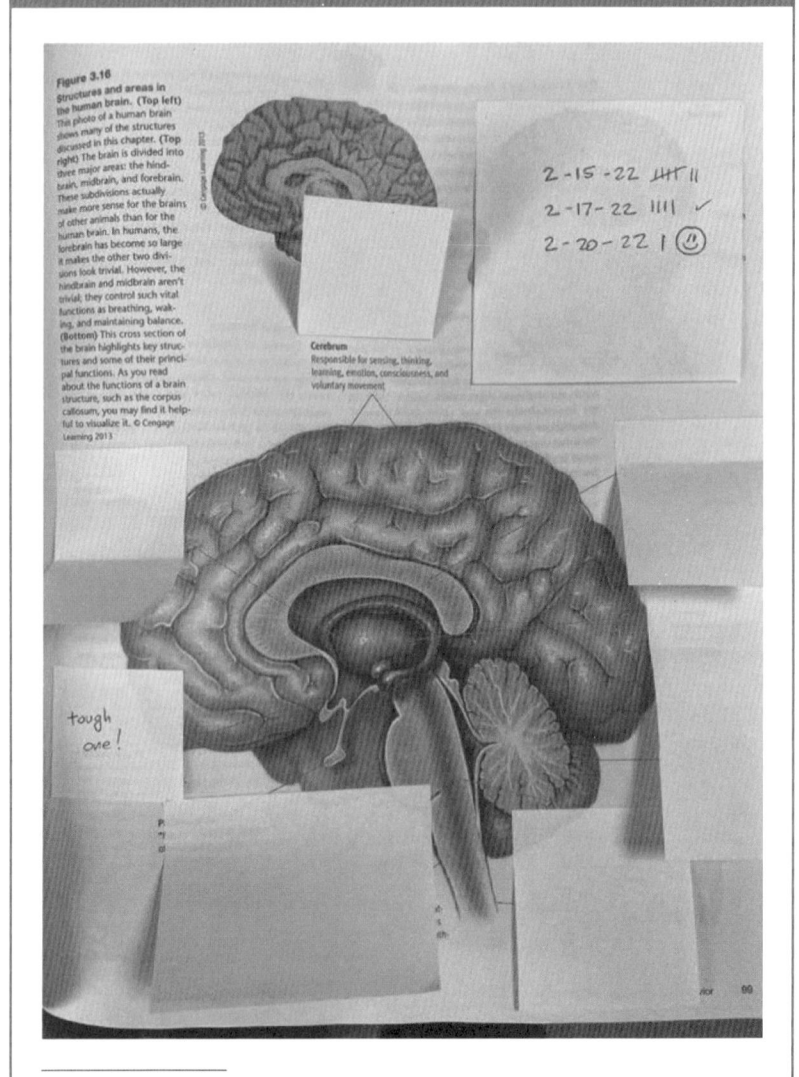

注：摘自 *Psychology: Themes and Variations* (9th ed, p. 99), by W. Weiten, 2012, Wadsworth Cengage Learning. Copyright 2012 by Wadsworth Cengage Learning.

Step 2：為習題測驗評分

　　自我測驗後，連續再學習法的下一步是為你的答案評分。例如，讀普通化學的複雜定義時，你可能會測試你對「氧化還原反應」的了解，然後回想起「電子轉移」這個答案。當然，只有在你的回答抓到正確定義的**含義**時，你才有得分。學習複雜的內容時，麻煩在於前幾次你試著回想資訊時，你無法完全答對，而且你需要仔細檢查答案。更糟的是，研究顯示，學生即使很想認真地評分，但他們答錯時，還是常算給自己分數（相關綜合分析，請見Dunlosky & Lipko, 2007）。

　　重點是，給複雜的答案評分可能很難，但你可以把這個過程變得更簡單。尤其，如果你只是口頭回答問題而不寫下來，那麼你核對正確答案時，就需要記住你的答案。對較長的回答來說，這很難，因為你核對答案以前，可能已經忘了剛剛回想的內容。為了避免這個問題，我們建議你把答案寫下來（或打字），這樣就能仔細核對正確答案。例如，上面那題有關「氧化還原反應」的回答包含了一些正確的概念（亦即電子轉移），但並不完整（完整的描述如，一個化

合物發生氧化反應或失去電子,另一個化合物發生還原反應或獲得電子)。

在為一題評分後,你需要決定下一步要做什麼。要是你答錯了,就應該重新學習正確答案,之後再回來練習提取正確答案。如果你答對了,你可以決定稍後再試一次,或是把它留到下次讀書時段再做提取練習。然後,你重複這個過程,直到你答對這次讀書時段你打算練習的所有題目。完成後,你需要在幾天後的另一個讀書時段,再回來練習這些題目。我們建議你完成第一輪練習後,就安排下一次的練習時段。如果你為每組題目命名(例如「基礎化學概念」),你可以在行事曆上標示何時該回來複習每組題目。

Bonus:學習卡加強法

目前為止提到許多製作學習卡的不同方法。我們知道有多種app可以幫你製作學習卡,也有不同的小工具、配件、裝置可用來做提取練習。話雖如此,用索引卡來製作學習卡,還是有其學習效果。而這裡要再提供一個巧妙的方法,可以幫你更聰明地運用學習卡。在學習卡加強法中,你不只在學習卡的一面寫下

術語,另一面寫下課本定義而已。為了幫你學得更好,你可以在課本定義的下方用自己的話重述定義,然後寫下這個概念在你生活中的應用。加入這兩個簡單的元素(你的重述與應用例子)能幫你更深入地了解內容,而且課堂研究也證實這個方法很有效(Senzaki等人, 2017)。

用對方法,再難的內容也能輕鬆記起來!

一開始嘗試連續再學習法,挑戰性較高,因為從記憶中提取冗長的答案比閱讀難得多。然而,認真努力是有回報的。事實上,如果你在三次讀書時段中(每次間隔2到3天)對一組題目使用這個技巧,我們幾乎可以保證,到第三次時,你可以輕鬆答出這組題目中的許多答案,即使是像科學術語這樣又長又複雜的定義也難不倒你。例如,你修任何科學入門課時,都需要好好學習的那種術語。

在一項研究計畫中,修一門大型入門課程的學生

如前所述，使用連續再學習法來學一些概念定義，同時也用他們喜歡的任何方式來學其他定義。而學生用連續再學習法來記概念定義時，他們一次只學一組（8到10個）定義，並在重要考試之前，分四個讀書時段來複習每組定義（Rawson等人, 2013）。研究得出了兩個值得注意的結果。第一，對於那些使用連續再學習法來理解的概念，學生在重要考試中的成績通常提高了約一個半等級！此外，在這四次讀書時段中，他們想起正確答案的速度大幅提升。雖然在第一個讀書時段需要回答30幾次，才能正確答完一組中的8個定義。但是到了第四個讀書時段，學生只需要回答約11次，就能全部答對。換句話說，到了第四次連續再學習的階段，多數學生在第一輪嘗試時，就能正確回答每個定義，最糟也只需要做第二輪嘗試。所以，雖然在最初一兩次讀書時段，要回想起複雜的內容很有挑戰性，但最終即使是很難的內容，你還是可以快速輕鬆地回想起來。

策略歸納

本章一開始,我們強調提取練習之所以有效,有兩個原因。第一,當你正確答題時,這個過程本身就強化了你對提取內容的記憶。此外,你可以利用回想資訊(亦即提取)來追蹤學習進度,因為你答錯時,你知道自己該重新學習那部分。

連續再學習法是追蹤進度的好方法,也能幫你判斷你是否已經讀夠、並記住了重要考試所需的知識。尤其,如果你在每次讀書時段之間安排幾天的間隔,每次連續再學習的效果都會讓你清楚知道自己記得多少。例如,假設你用這個技巧來學習生物科學課的定義,並安排了四次讀書時段,每次之間間隔3天。在第一次讀書時段中,假設你最終答對了每個定義。到了第二次讀書時段,你第一次提取練習就答對某個定義,那表示你記住那個資訊3天。如果你在第三次讀書時段也答對同一定義,那你可能已經記得夠牢,至少又多記了3天,甚至更久。每次你回頭複習時,都會更快想起正確答案,這會讓你更加確信你已經學會了。

當然,如果每次讀書時段的一開始,你都無法正確提取某些資訊,那就是很好的訊號,表示你之後也不會記得這些資訊。也就是說,你說不定發現你一直記不住某些定義,這可能表示你需要更**了解**那些內容。比方說,你一直忘了「氧化還原反應」的定義,因為你從來沒搞懂那個定義的意思。對那些老是記不住的麻煩內容,你可能需要搭配其他技巧,來改善你了解內容的能力。一個方法是和同學或老師討論那些內容。其他可能的方法包括改變學習方法。我們會在其他的章節討論相關技巧,例如自我解釋、圖像輔助學習法等。

> **用對方法,學習事半功倍**
>
> - 在多次讀書時段中練習提取相同的內容。
> - 成功的關鍵在於,每週為每門課安排兩次或多次的讀書時段,並在每次讀書時段中正確地提取課程內容的答案。
>
> **延伸閱讀**:Rawson, K. A., & Dunlosky, J. (in press).

Successive relearning: An underexplored but potent technique for obtaining and maintaining knowledge. *Current Directions in Psychological Science.*

佩琪・赫博多繪圖，經許可刊印。

172　Study Like a Champ

第 6 章

3大解題策略，戰勝各種難題

本章你會學到：
- 為什麼混合不同類型的練習題，可以讓你學會解難題。
- 為什麼對自己解說學習內容可以促進了解。
- 為什麼研究已解答的範例，是學習解題的好方法。

史蒂芬妮運用了多種學習策略，來準備心理學概論的第一次考試。她確實善用了間隔練習（參見第4章），每週安排了數次2小時的讀書時段來研讀這門課程。每次讀書時段中，她都認真地運用連續再學習法來熟悉各章重要概念的定義。儘管史蒂芬妮已經熟悉了這些概念，但她卻解不開課本的習題。例如，計算統計學導論那章的機率問題，以及解開古典制約與操作制約的問題。她需要協助才能進步：這並不是因為她目前使用的解題策略失效，而是因為這些策略無法完全解決她在學習與了解內容時遇到的所有困難，她該怎麼做？

　　我們先來回顧一下：在前幾章中，我們介紹了能夠提升學習成效的策略，這些策略適合用來熟悉多元的內容及達成學習目標。提取練習就是很好的例子，因為它可以幫你學習多種內容，為不同類型的考試做準備。就像木工界的榔頭一樣，提取練習可用來完成許多不同的任務。然而，有時你可能需要一些專門的策略──不是用來反覆敲打的榔頭，而是能幫你在需要更深入處理的學習任務中獲得進展的工具，就像用砂紙來磨平粗糙的邊緣一樣。

這些專門的工具很重要，本章將介紹幾種專門的策略：交錯練習（interleaved practice，也稱為interleaving）、自我解釋（self-explanation），以及使用解題範例（worked examples）。〈表6.1〉列出這些策略，接下來的三個小節，我們會分別討論每種策略的細節、為什麼它們能改善學習效果、實驗室與課堂的實證研究，以及充分運用每種策略的訣竅。在最後一節中，我們鼓勵你像高手一樣學習，把這些策略結合起來，並搭配本書其他章節所描述的通用策略一起使用。

〈表6.1〉學習與解決問題時使用的三種專門策略

策略	簡要說明	應用範例
交錯練習	不同概念的混合練習	解題
自我解釋	為自己解釋某事	學習一種流程的運作方式
解題範例	研究一個問題的解題步驟	解題

策略1：交錯練習，讓你更會解題

第一個專門策略是**交錯練習**。這種方法的目標是在學習過程中混合不同類型的概念或問題。要說明這個策略，最好的方式（同時可能也是最佳的應用領域之一），就是解數學問題。在這種情況下，學生通常是採用**區塊練習**（blocked practice），而不是交錯練習。想像一下，你正在幾何課上學習計算不同固體的體積，如〈圖6.1〉所示。在傳統的課堂上，你可能會先學習計算楔體的公式（右上圖），然後集中練習這類型的問題（亦即計算不同大小的楔形體積）。你或許會計算8到10個楔體問題，直到你覺得熟悉為止。接著，你轉而學習另一種物體的公式，比如橢圓球體（左上圖）。同樣的，你也是集中練習許多橢圓球體的計算。在這個例子中，當你學習解任何一種問題時（如楔體、橢圓球體、半錐體），你都是在做區塊練習。

> 交錯練習的目標是，在學習過程中混合不同類型的概念或問題。

相對於區塊練習，交錯練習是先學習各種問題的公式（如〈圖6.1〉中所有物體的公式），然後隨機挑選一種問題來解決。在這種情況下，你可能先計算楔形的體積，接著計算圓柱體的體積，然後計算橢圓球體的體積，並持續這種模式，直到你能準確計算所有類型的題目。這類似「達標學習法」（見第5章），但在交錯練習中，你持續以隨機順序來練習所有的問題，直到你懂得每種解題方法，而且能夠持續答對。最重要的是，與區塊練習相比，交錯練習可以改善學習效果及解題的記憶力。

為什麼交錯練習能提升學習效果與成績？

　　研究人員已經在實驗室與課堂中，使用多種不同的學習內容，廣泛地探討了交錯練習與區塊練習的相對效果。這種研究通常是用認知科學家所謂的**近遷移**（near transfer）來測試。這是指你練習的內容與考試內容並非完全相同。也就是說，你必須把學習過程

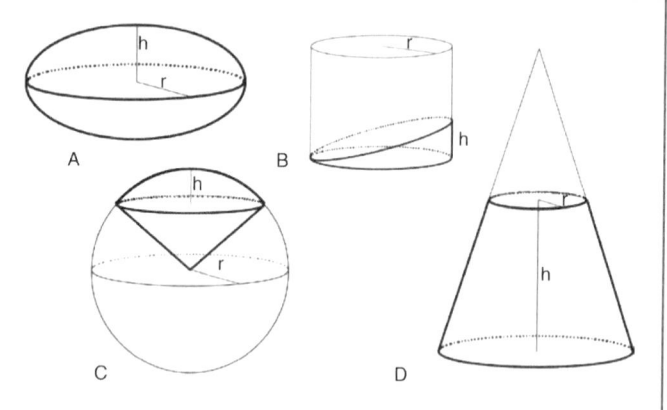

〈圖6.1〉幾何形狀與對應公式的例子

A. 橢圓球體的體積 = $(4r^2h\pi)/3$
B. 楔體的體積 = $(r^2h\pi)/2$
C. 球錐體的體積 = $(2r^2h\pi)/3$
D. 半錐體的體積 = $(7r^2h\pi)/3$

注：摘自 "The Shuffling of Mathematics Problems Improves Learning," by D. Rohrer and K. Taylor, 2007, *Instructional Science*, 35, p. 491 (https://doi.org/10.1007/s11251007-9015-8). Copyright 2007 by Springer. 經許可轉載。

中獲得的知識轉移應用到考試中。以〈圖6.1〉裡的體積計算為例，你平常可能練習計算一個半徑（r）2英寸、高度（h）4英寸的橢圓球體體積，但考試要你計算一個半徑3.5英寸、高度10英寸的橢圓球體體積。如果你是學習不同藝術家的繪畫風格，你可能會研究5位藝術家的特定畫作，考試則是要你指出每幅

畫作的作者。假如考試時出現新畫作，這就涉及知識遷移。為了在涉及知識遷移的考試中考好而讀書，正是多數學生想達成的目標，因為考試很少完全照你練習的方式進行（即使你按照第5章建議的那樣自我測驗，在重要考試中你面對的題目通常也不會與練習時完全相同）。

研究顯示，在涉及不同版本題型的遷移測驗中，採用交錯練習的學生往往考得比採用區塊練習的學生好。交錯練習在學數學方面的效益，可能是最顯著的，而且已有充分的研究證實。我們來看一項真實教育環境的研究結果（Rohrer等人, 2020）：五十幾班七年級的學生在四個月內做了與課堂所學概念相關的數學問題，例如解不等式、代數式化簡。練習題可能混合不同概念的題目（交錯練習），或是只有單一概念的題目（區塊練習）。在最後一次複習概念一個月後，學生接受期末考，考試內容包含每個概念的新題型。考試成績顯示，交錯練習帶來顯著的效益：交錯練習的學生成績比區塊練習的學生成績高了23%。

為什麼交錯練習能提升學生的學習效果與考試成績？研究發現，交錯練習的效能來自幾個因素，了解

這些因素是從這個策略充分獲得效益的關鍵。你已經很熟悉第一個因素：**間隔練習**。區塊練習是把同類問題集中在同一時間練習，而交錯練習必然需要做間隔練習。以計算不同物體的體積為例，在交錯練習時，你可能先計算楔體的體積，然後交錯練習其他三種立體（橢圓球體、球錐體、半錐體）的體積，只有在完成其他類型題目後，你才會回頭計算另一個楔形體積。所以，每種問題的練習在時間上都有間隔，而我們知道間隔練習通常可以帶來更好的學習效果（詳見第4章）。

第二個因素是**區別對比**（discriminative contrast），這是交錯練習獨有的特點。注意，當你交錯練習不同類型的問題時，你更能夠對比（或比較）不同類型的問題，因為你是接連練習它們。在某些課程中，能夠區別你正在解決的問題類型是考試的重要部分。例如，如果你能夠辨識問題的類型，就更容易判斷該用哪個公式來解題。培養這項技能的最佳方式，是隨機交錯不同類型的問題，這樣你就無法提前知道你會遇到哪種題目。然而，要充分獲得交錯練習的效益，關鍵在於題目的呈現方式必須讓你的首要任務是

「辨識問題類型」。遺憾的是,教科書通常是以集中方式來編排練習題。以心理學導論為例,若某一章是談「學習」,練習題往往集中於古典制約或操作制約的內容。這種編排方式使你在開始做練習題時,就已經知道問題類型了,因此無法訓練辨識題型的能力。相反的,這些練習題需要以交錯的方式呈現,讓你必須先辨識問題類型,再開始解題。

混合不同類型的題目,很重要

我們建議你盡可能採用交錯練習,部分原因在於,這種方式能善用間隔練習這項已被證實有效的技巧。你可能面臨的挑戰是,練習題常以集中方式呈現,例如章節末尾提供好幾題同一類的習題。我們建議你先蒐集所有章節的習題,把它們混在一起之後再練習。雖然這會讓練習變得困難一些,但這可以更有效地運用時間。這樣辛苦練習是值得的,因為交錯練習可以提升學習效果。

> 教科書通常在每章結尾提供好幾題同一類的習題。我們建議你先蒐集所有章節的習題,把它們混在一起後再練習。

有時,沒有足夠數量的練習題讓你輕鬆地交錯練習不同類型的問題。除了課堂上出現的問題以外,老師可能不會提供其他的問題,教科書提供的問題或許也不夠多。解決辦法之一,是在班上成立讀書小組,讓每個小組成員設計幾道不同類型的練習題,然後相互交換問題或輪流解答。重要的是在開始練習以前,要先混合所有不同類型的問題。

策略2:提出問題,然後向自己解釋答案

自我解釋是指為特定的事實、概念或解題方法提供解釋,說明它們為什麼是正確的。你可以在任何學習過程中運用這個方法。首先你要自問:「為什

麼」、「是什麼」或「如何」等問題。比方說,閱讀有關知覺的章節時,你可能自問:「知覺究竟是什麼?」或「知覺與感覺有何不同?」另一個例子和學習統計有關,你研究一個已解答的統計問題範例時(例如,如何計算平均值的標準差),你可能自問:「為什麼這個解題步驟是必要的?」當然,你提出問題後,下一步是提供答案:自我解釋。這個方法就是這麼簡單,但我們更深入來探討它的實證基礎,以及如何在學習中運用它。

為什麼自我解釋可以提升你對內容的了解?

在討論實證研究以前,我們想先承認一點:學習解題確實有挑戰性。這也是你在許多課程中都會面臨的事情,包括電腦科學、化學、認知心理學、數學等領域。當然,解題也可以是一件有趣的事。我們來看一個例子:請花點時間思考〈圖6.2〉中的邏輯問題(這是根據經典的華森選擇作業〔Wason Selection

Task〕改編的）。圖中每張卡片的一面是樂器圖案，另一面是數字。現在請判斷：為了驗證「如果卡片一面是吉他，那麼另一面就是數字9」這個規則是否正確，你需要翻開哪些卡片？

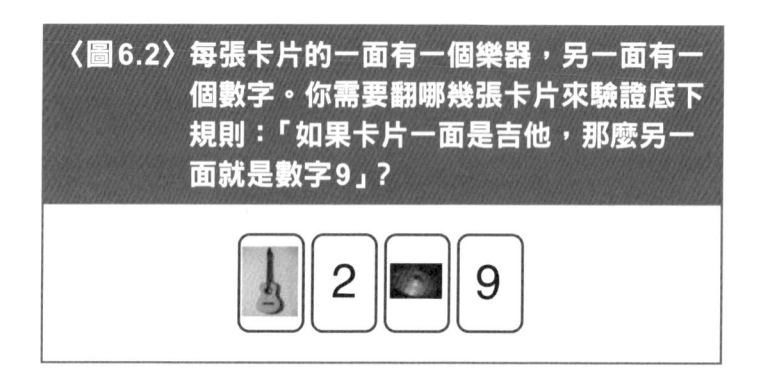

> 〈圖6.2〉每張卡片的一面有一個樂器，另一面有一個數字。你需要翻哪幾張卡片來驗證底下規則：「如果卡片一面是吉他，那麼另一面就是數字9」？

你試著解開這個問題了嗎？答案是，你只需要翻開前兩張卡片，雖然很多人認為應該翻開印有數字9的那張卡片（但如果數字9背面是其他樂器，這不表示所有吉他卡片的背面都不是9，因此翻開這張卡片並不能提供有效的證據）。解決這類問題需要了解如何運用邏輯規則，而這就像學習解開其他類型的問題一樣，這些規則可能很難了解與熟練。

貝瑞（Berry, 1983）做了一項最早的自我解釋研究。在該研究中，研究人員先向學生簡要說明如何解

開類似「華森選擇作業」（圖6.2）那樣的邏輯問題。學生受到指導後，開始練習解這類題目。研究人員要求一組學生解釋他們選擇或不選每張卡片的原因，例如學生可能自問：「我為什麼要選擇數字9那張卡片？」研究人員要求另一組學生只要練習解題就好。在練習階段，所有學生的表現都很好，解題的正確率超過90%。更重要的是，在之後的測試中，研究人員要求學生解開抽象版的邏輯問題，那需要更深入了解邏輯規則。結果顯示，在練習時做自我解釋的學生，解抽象問題時仍有近90%的正確率。相較之下，沒有做自我解釋的學生在解抽象問題時，正確率不到30%。

　　為什麼自我解釋可以提升你對內容的了解？雖然目前還沒有研究確實證明，自我解釋為何有效，但有幾個盛行的理論可供參考：首先，當你嘗試解釋某件事時，一種方法是把已知資訊與你正在學習的內容結合起來。因此，練習時解釋每張卡片的學生，可能會更深入地思考解題指導（剛學到的內容），以及如何運用那些指導來解其他問題。第二，如果不做自我解釋，你可能用比較隨便的方式解題，比如憑直覺快速

猜測答案，然後等待回應。以〈圖6.2〉為例，你可能直接挑選第一張與最後一張卡片，只因為它們上面有目標規則中提到的物件（吉他和數字9）（規則是：「如果卡片一面是吉他，那麼另一面就是數字9」）。但你做自我解釋時，會自然而然地放慢思考步調，促使你更深入地考慮各種選項，並評估它們是否正確。

最後，如前所述，我們認為自我解釋可以幫你更精確地追蹤你的學習效果，這有助於提升成績。想像一下，你修一門生物課，正試圖了解光合作用的所有過程。與其單純重讀教科書，你決定嘗試自我解釋，向自己解說過程中的每個步驟。只要你能正確解釋每個過程，你可能已經學會了，尤其如果你是提取記憶來解釋（參見第5章），那你或許已經很熟悉了。相反的，萬一你無法向自己解釋某些過程或所有過程，那表示你找到需要進一步指導的內容。或許你可以閱讀不同的過程概述、向其他學生請教，或甚至向老師求助。

善用訣竅，發揮自我解釋的最大效用

人天生就喜歡解釋自己的想法與行為。你可以請朋友解釋他們正在做的任何事情（比如為什麼點了這道菜，或為什麼想看某部電影等等），我們相信他們不會回你：「不知道。」而是會提供解釋，有時甚至會詳細說明其決定與偏好背後的原因。幾乎每個人都喜歡解釋自己，因此我們建議你把這種自然傾向運用到學習上。不過，目前確實還沒有多少研究探討最佳解釋方式或最佳解釋時機，所以我們的建議主要是根據我們身為老師以及以前當過學生的經驗直覺。

我們認為，當你對目標內容已有初步的了解時，自我解釋會發揮最大的效用。也就是說，你接觸過那些內容後，自我解釋的效果最好。誠如前面提到的貝瑞研究（1983）所示，學生在開始練習及解釋他們的選擇以前，都先接受了如何解邏輯問題的指導。事實上，要是你對某個領域完全沒有基礎知識，自我解釋可能只是浪費時間，因為你根本不知道從哪裡解釋起。有鑑於此，開始複習內容時，是運用這個策略的理想時機。舉例來說，你在課堂上做筆記時就接觸過

內容了,所以當天稍後你開始複習筆記時,可以嘗試對自己解釋那些適合解說的內容(例如,記憶大腦各區域的名稱不需要解釋,但血腦屏障如何防止毒素攻擊大腦則需要解釋)。在第一次複習筆記時使用這個策略,不僅能比單純閱讀更深入地了解內容,你也可以立即評估你是否真正了解那些內容。

以下是自我解釋時可以自問的一些問題。有些問題適合在閱讀教科書或筆記時使用,另一些問題適合在練習解題時使用。

閱讀教科書或筆記時:

- 這個過程(如光合作用)如何運作?為什麼是這樣運作?
- 有什麼好例子可以說明這個概念?
- 為什麼課本中提供的例子適合用來說明這個概念?
- 為什麼作者說「……」(幾乎任何內容都可以放在這裡)是正確的?

解題時:

- 開始之前,先自問這是什麼類型的問題,有哪些可能的解答?
- 我以前解過類似的問題嗎?當時是怎麼解的?
- 為什麼解題步驟中的某個步驟是正確(或錯誤)的?
- 為什麼我似乎難以理解這個問題?

相較於單純閱讀或機械式地套用解題方法,提出這些問題可以讓你更投入思考。這種投入本身會帶來挑戰(如你無法回答某個問題的時候),讓你放慢腳步,從而促使你更深入地了解內容。

最重要的是,切記,自我解釋的目標,不是只在你確信能輕易給出正確的解說時才解釋。相反的,你應該用你不確定的問題來挑戰自己,因為無法正確解釋某個概念可以幫你追蹤了解程度,這是熟悉任何內容的重要一步。在這種情況下,你可以複習內容以尋找問題的答案。如有疑問,不妨向班上同學或老師求助。

策略3：活用解題範例，解題不再靠運氣

在不熟悉的領域中解題可能很難，但在數學、物理或化學等課程中，這往往是取得優異成績的必要條件。一般而言，解題包含三個階段：一、了解問題的本質（亦即判斷問題的類型以及如何解題）；二、產生解題方法；三、評估答案的品質。研讀**解題範例**是幫你解開新問題的一種方法，它提供了特定問題的完整解題步驟和答案。解題範例法的使用，主要是把焦點放在解題的第二階段：生成及落實解題步驟。但我們先簡要介紹每個階段，再深入探討解題範例的效用。（如果你已經很熟悉如何了解問題本質，以及如何評估解答的品質，請直接跳到解題範例的討論部分。）

「正確了解問題的本質」有時是解題中最困難的步驟，尤其是面對棘手問題的時候。在繼續讀下去以前，請試著解開〈圖6.3〉的九點問題。雖然答案其實很簡單（至少在你知道答案以後會這麼覺得），但許多人還是解不出來。大家之所以解不出來，是因為

〈圖6.3〉九點問題

● ● ●

● ● ●

● ● ●

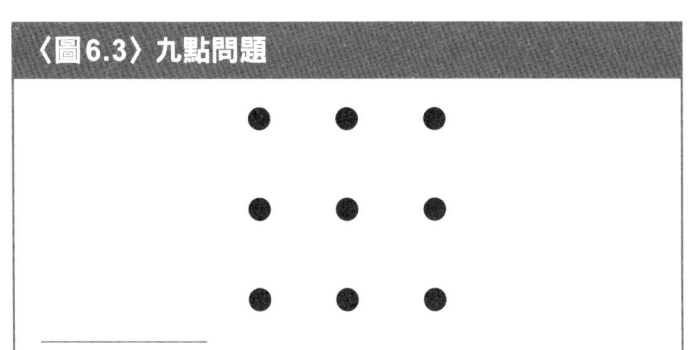

注：把鉛筆放在一個點上，筆尖不離開紙張，只用四條線把所有的點連起來。

他們往往一開始就用一種讓問題無法解決的方式，來了解問題：大多數的人以為，四條線都必須局限在外圍八個點所形成的邊界內。然而，這四條線其實可以、也必須延伸到這些邊界之外。一旦大家正確了解問題的本質，通常很快就能想到答案（解答請見〈圖6.4〉）。因此，正確了解問題本質不僅包括了解問題可能的解題方法（如線條可以延伸到邊界之外），可能也需要你正確辨識問題的類型。這種分類的重要性或許在物理、工程、化學等課程中特別明顯。以物理課為例，在一次考試中，可能有十個問題需要解決。你必須先正確地判斷每個問題的類型（這是有關力學、速度，還是摩擦力的問題？）才能選擇適當的解

〈圖6.4〉九點問題的解答

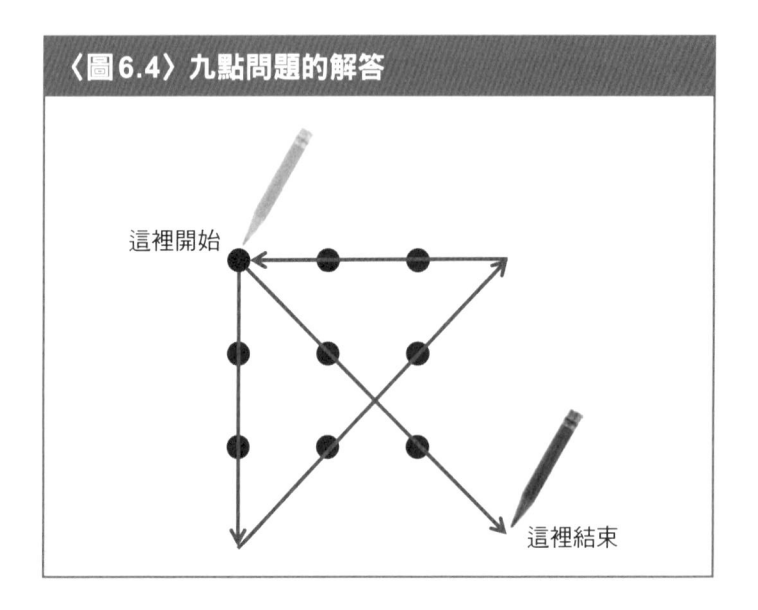

這裡開始

這裡結束

題方法。誠如前述,採用交錯練習法解題,讓你有機會練習辨識各種類型的問題。

即使你正確了解問題的本質,也不表示你就解得出來。舉例來說,你可能正確辨識出這一題需要計算一個持續加速的物體在特定時間點的速度,但如果你不知道正確的解題方法,也不知道怎麼運用它們(以這個例子來說,是一系列方程式),你還是解不出來。在這個例子中,你需要能夠想起正確的方程式(這正是連續再學習法的重要任務),還要懂得怎麼

運用那些方程式。了解如何解題可能很難，這或許也是很多學生不是主修物理或工程的原因之一。即便如此，許多課程也需要解題，當你難以了解解題方法時，使用解題範例（我們稍後會詳細說明）應該成為你的首選策略。

最後一步是評估你的答案與解題方法的品質。也就是說，你答對了嗎？無論你的答案是否正確，你選擇的解題方法是否恰當？跳過這個步驟肯定會導致錯誤。鄧洛斯基在講授如何解題時，舉九點問題為例，有些學生交出所謂的「正確解答」，但實際上卻用了五條線（多了一條）。我相信這些學生都會數到五，他們只是沒有仔細檢查答案。這裡有一個建議：要養成檢查答案的習慣。對於複雜的問題（如物理或工程問題），當你答錯時，應該評估你是選對解題方法、只是計算過程出錯，還是選錯解題方法。如果是因為選錯解題方法，那就需要診斷原因。那是因為你混淆了不同類型的問題（這時交錯練習很有幫助），還是因為你不太清楚該用哪種解題方法（這時可能需要重讀教科書或筆記）？此外，值得注意的是，檢查答案的品質也與自我解釋有關。每次你自問自答「為什

麼」或「是什麼」等問題時，如果對自己的答案有任何疑慮，就應該查閱資料或請教老師或同學。事實上，我們認為自我解釋的一大好處是，讓你追蹤及發現你還不懂的內容，所以一定要檢查自我解釋的品質！

> 自我解釋的一個好處是，它可以讓你發現你還不懂的東西。

如果你寫考題時，難以挑選「解題方式」，解題範例可以給你很大的幫助。解題範例就是提供如何解題的詳細範例。解題範例可能非常複雜，因為難題的解題方法往往很複雜。老師在課堂上講解如何解題時，往往會帶著學生逐步解開範例題目。這本質上就是在提供解題範例。你一定要把這些解題範例記在筆記裡，包括解題的所有步驟及其原因。之後，當你在練習解新問題時，萬一遇到瓶頸，就可以回顧及研讀解題範例。你的目標是找出哪些步驟做得不對（或遺漏），這樣解下一題時會更順利。事實上，你甚至不必等到遇到困難才使用解題範例：一些研究顯示，先

研究解題範例,然後開始解題,可加快學生學習解難題的速度,尤其對初學者或剛學習新領域的人來說更是如此(相關綜合分析,詳見van Gog等人, 2019)。

為什麼研究解題範例,比直接解題更有效?

關於解題範例的效用,大部分的實證研究是來自實驗室,通常是讓初學者去解複雜的問題(例如,如何寫電腦程式)。以下我們介紹一項典型的研究,這個研究不僅展現了評估解題範例效果的方法,也呈現出該領域最重要的研究成果。

帕斯(Paas)和范梅里安伯(Van Merriënboer)(1994)在一所職業學校做研究,他們先向學生介紹操作電腦數控機械所需的幾何原理。他們向學生說明如何解開這些複雜的問題後,提出了六個問題讓學生練習。一組學生是採用傳統的練習方式:嘗試去解練習題,然後獲得答案的意見回饋。另一組學生只研究每個問題的解題範例。練習階段結束後,他們讓所有

的學生去解相同類型的新問題。研究結果顯示，實際練習解題的學生解決新問題的時間，是研究解題範例組的兩倍以上。此外，儘管研究解題範例的學生在練習階段只用了一半的時間，但他們的得分約為實際練習組的兩倍。

在這種情況下，研究解題範例比直接解題更有效的原因其實很簡單。這些學生一開始就缺乏足夠的背景知識，或對解題結構沒有更深入的了解，因此試圖去解一個無法正確了解問題本質或無法提出合理解方的問題，是比較沒有效率的時間運用方式。在這種情況下，解題範例能幫學生建立問題的整體認知架構，包括最終目標和達成目標所需的解題方法。值得注意的是，在使用解題範例學會如何解題後，你應該從研究解題範例，轉向從頭開始實際解題。換句話說，一旦你對問題架構有了更好的了解後，你就不再需要解題範例了，因為你已經具備足夠的知識，可以透過解開新問題來獲得更多的知識。相較於新手，專家有時反而會受到解題範例的阻礙，專家比較適合把練習時間拿來解決新問題。因此，你剛開始接觸一個涉及解題的新領域時，不妨先研究他人是如何解題的，這可

以幫你更了解問題以及找到正確的解題方法。

從「跟著解」到「自己會」，打造解題硬實力

在研究解題範例時，或許你可以自問：「解題的所有步驟是什麼，為什麼每個步驟都與解題有關？」本質上，這結合了解題範例和自我解釋這兩種策略，而結合有效策略通常是很好的學習方法（參見第8章）。你熟悉了解題範例後，可以嘗試從頭開始解新的問題。要是依然解不開，你應該學習新問題的解題範例（如果有的話），然後再嘗試其他的新問題。假如還是解不開，你可以考慮使用**漸簡式解題範例**（faded worked example）。這種方法是先研究問題前半部的解題步驟，然後自行解開剩餘的部分。當你答對時，下一個問題可以減少更多的範例步驟。例如，你只研究解題範例的前四分之一，然後自己解開其餘的部分。這樣，下次你就需要自行解開更多的步驟。最終，你就不需要依賴任何範例解題了。

我們剛才描述的研究，說明了如何學習解開特定類型的問題，比如某種統計問題或化學問題。研究解題範例的目的，是為了幫你更深入了解解題的第二階段。然而，即使你解某類問題時已經達到那個目標，也要切記，在考試（或現實世界）中，你需要做的第一件事，可能是辨識問題以及正確了解問題的本質（這是解題的第一階段）。對新手來說，同一領域裡的不同類型問題常看起來很像，如果無法準確地辨識每個問題的類型，即使你知道問題類型**後**能夠解開它，你可能還是考不好。萬一難以辨識問題類型，你應該安排一次讀書時段，運用交錯練習技巧。這種技巧可以逼你在開始解題以前，先辨別問題的類型。

策略歸納

本章介紹了三種讀書策略：交錯練習、自我解釋、運用解題範例。這些策略的目的，是為了提升你了解及領會困難的內容及解開各類問題的能力。我們鼓勵你嘗試所有的策略，但要真正發揮這些策略以及本書介紹的其他策略的效用，你需要針對特定的情

況，把它們結合起來運用。這些策略有多種結合方式，而成為學習高手的部分關鍵在於：當你常用的策略效果不佳時，要懂得採用額外的策略來補強。由於可用的策略很多，組合的數量相當龐大，第8章會提供一些特別有效的組合案例。

本章及前面幾章介紹的各種策略，可以更廣泛地用來學習解化學、物理、工程、數學等各個科目的問題。因此，讀書時，應考慮當前的讀書目標，並選擇最適合的策略。為了提供協助，我們在〈圖6.5〉中列出了這些策略，並說明如何運用它們來提升解題課程的成績。例如，以〈圖6.5〉來說，如果你在數學課上看不懂為什麼要採用特定的解題方法，以及應該按什麼順序解題，你可以研究那個問題的解題範例。在這個例子中，你還可以解釋每個步驟對於正確解題的重要性，藉此進一步提升考試時的解題能力。因此，必要時可以參考這個圖表，找出最有用的策略，然後回顧本書中關於該策略的詳細說明。我們希望這份指南可以讓你對何時使用每種策略有全面的了解，幫你像高手一樣學習。

〈圖6.5〉解題類課程的學習策略

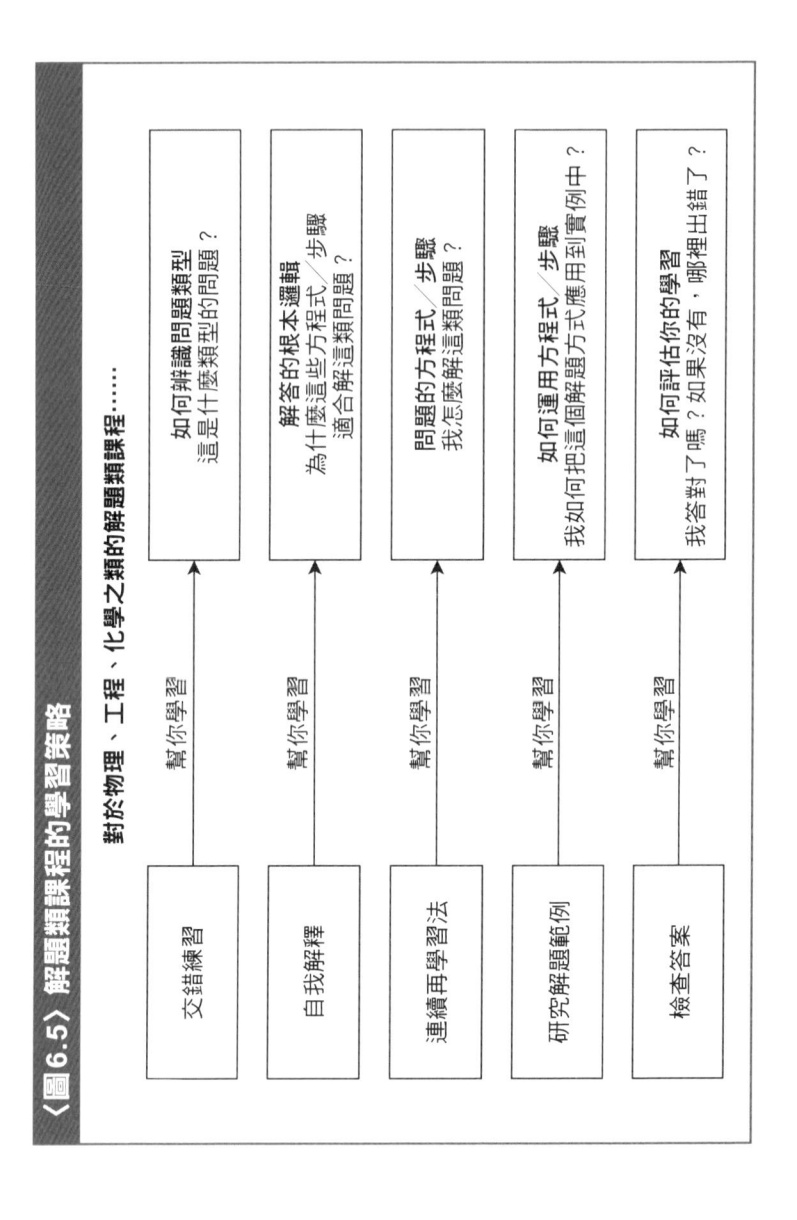

對於物理、工程、化學之類的解題類課程……

學習策略	幫你學習	問題
交錯練習	→	**如何辨識問題類型** 這是什麼類型的問題？
自我解釋	→	**解答的根本邏輯** 為什麼這些方程式／步驟適合解這類問題？
連續再學習法	→	**問題的方程式／步驟** 我怎麼解這類問題？
研究解題範例	→	**如何運用方程式／步驟** 我如何把這個解題方式應用到實例中？
檢查答案	→	**如何評估你的學習** 我答對了嗎？如果沒有，哪裡出錯了？

> **用對方法,學習事半功倍**
>
> - 試著向自己解釋困難的概念,這是很有價值的學習方法。
> - 成功的關鍵在於,知道何時用這些策略來輔助學習。比方說,學習容易混淆的概念和問題時,可以使用交錯練習。複習筆記時,可以嘗試自我解釋。開始學習解新類型的問題時,可以研究解題範例。
>
> **延伸閱讀**:Dehaene, S. (2021). *How we learn: The new science of education and the brain*. Penguin.

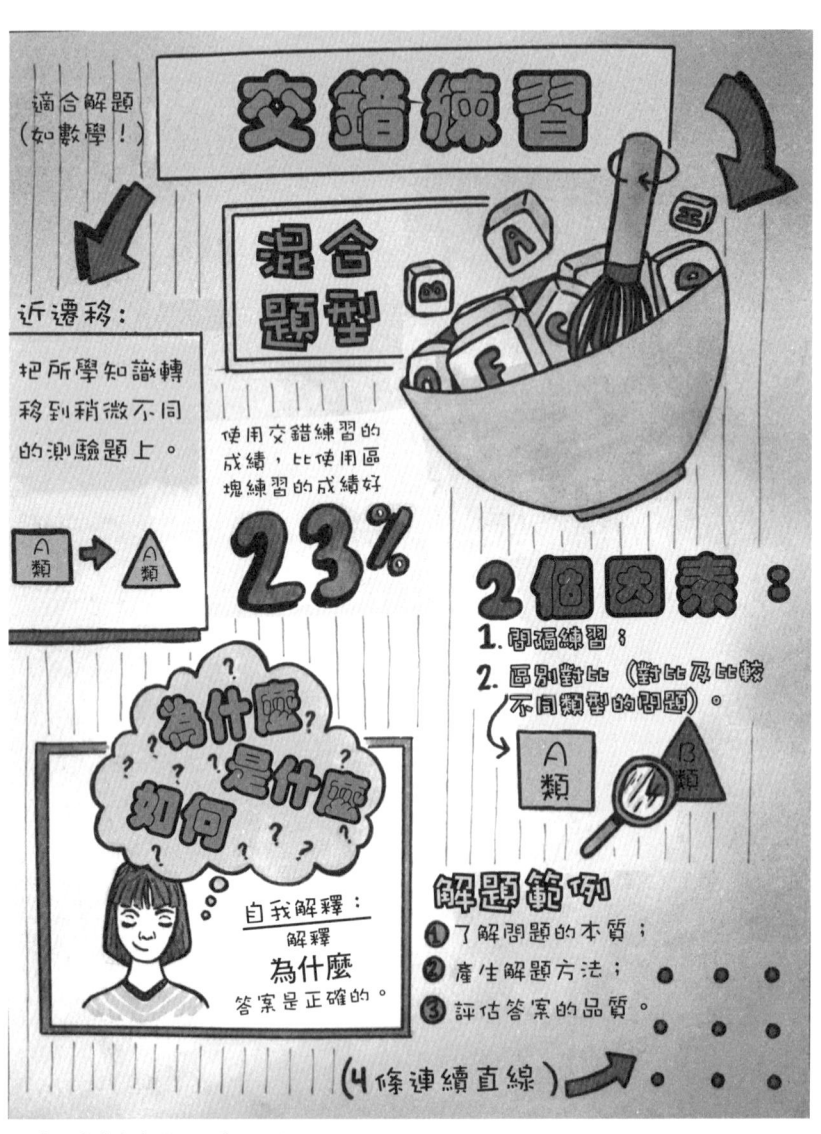

佩琪・赫博多繪圖，經許可刊印。

第7章

4大學習輔助策略，用對才有效

本章你會學到：
- 何時以畫重點的方式為後續的讀書時段做準備。
- 何時重讀及摘要內容以促進學習效果。
- 為什麼心理圖像有助於記住一些課程內容。

我們與許多學生談過他們的讀書方式，以及他們認為最有效的策略。我們確定很多學生已經使用一些最有效的讀書策略，如以正確的方式做筆記、使用提取練習。我們希望你已經使用其中一些方法了。對於尚未使用這些方法的同學，我們鼓勵你嘗試前幾章提到的建議，像是規劃與安排每門課程的讀書時間、時間管理、使用連續再學習法等等。不過，我們並不是建議你完全放棄目前使用的其他策略。有些策略可能不是最有效，但正確使用並結合其他策略時，它們都是很好的輔助工具。本章將探討其中四種策略：一、畫重點；二、重讀法；三、摘要法；四、圖像輔助學習法。

　　在討論如何運用這些策略以前，我們先來思考為什麼一般認為這些策略的效果，不如前面介紹的方法。評估策略效果的一個標準是：使用該策略是否能增加學生對學習內容的記憶與理解程度（相關研究，參見 Dunlosky 等人, 2013）。舉例來說，想像兩組學生為了準備考試而閱讀某章的內容：一組只是閱讀，另一組是一邊閱讀、一邊用螢光筆畫重點。兩組學生的讀書時間一樣，接著兩組做測驗。結果顯示，兩組

的考試成績沒有明顯的差異。換句話說，雖然在閱讀時畫重點或許能稍微促進學習，但它並非熟悉內容的有效策略。同樣的，偶爾重讀筆記或教科書（相較於什麼都不做）對學習的影響也很有限。

這些策略並非毫無效用。搭配其他策略一起使用時，它們也可以幫你達成學習目標。我們猜想，多數學生都知道畫重點本身對學習的幫助不大（這不是你畫重點的原因，對吧？）但他們得知重讀的效果那麼差時，可能會很失望。因此，請謹記這個提醒，接著我們來看像高手一樣學習時，如何運用這些策略。

如何「畫重點」，提升學習成效？

走進任一家大學書店，翻開二手書，你會看到五顏六色的標記和底線，彷彿彩虹灑在書頁上。即使大多數的教科書已經預先用粗體字、斜體字或頁邊標示來凸顯重點，學生還是喜歡畫重點。雖然這可能不是最有效的讀書策略，但多數人還是會這麼做。事實上，本書的一位作者坦言，他有一支最愛的螢光筆，

絕對不借給任何人使用。我們為什麼那麼愛畫重點？有時畫重點可以幫我們記住多一點內容，可能也能幫某些人集中注意力，避免走神。也許有些人單純是被螢光筆的鮮豔顏色（偶爾還有香味）所吸引。即便如此，光是畫重點並無法讓你精通課程內容，也不太可能使你的成績從C變成A。那麼，如何善用這個簡單又廣受歡迎的工具，來提升學習成效？

　　螢光筆是一種可以啟動學習的工具，它是讀書之旅的起點，而不是終點。前面提過，雖然先讀教科書的某個段落，再回頭畫重點，確實可能幫你更了解內容（相關綜合分析，參見Miyatsu等人, 2018）。但只靠畫重點作為唯一的讀書策略，無法讓你熟悉內容到足以考高分。因此，我們最重要的建議是：畫重點時要有明確的目標。其中一個關鍵目標是，畫重點是為更有效的學習策略做準備。例如，你可以畫出你想用連續再學習法來讀書的內容。畫完重點後，你可以製作學習卡（用於自我測驗），或使用第5章提到的便利貼技巧，來準備提取練習。前面提過，許多教科書已經以某種方式標示出最重要的內容，所以你可能只需要畫出老師特別強調的部分。

另一個應用方式是，在首次閱讀時，畫出你不太懂的內容。這樣你之後可以回頭檢視這些內容，想辦法弄懂，例如查看其他作者如何說明同樣的內容（比方說，你看不懂教科書中有關光合作用的內容，也許其他作者的解釋更容易理解），或者請教同學或老師（關於求助的建議，請參考第9章）。這時使用不同顏色的螢光筆可能有幫助：用一種顏色標示你不懂的內容，用另一種顏色標示你需要進一步學習的內容（如製成學習卡的內容）。這只是你畫重點時可以考慮的兩個目標，你當然能想出其他的目標。這裡想強調的重點是，畫重點不是學習的終點，而是幫你開始學習的工具。所以，你可以繼續使用螢光筆，但要有明確的目的。

「重讀」，能提高你了解及記住內容的機率嗎？

課堂筆記、教科書、講義等各種課程內容，都需要我們花時間閱讀。如果你學習的課程內容是以文字

呈現的,無論是課堂筆記、教科書,還是老師發的講義等,你都必須透過閱讀來學習。萬一你忘記讀過的內容,或是看不懂時,回頭重讀似乎是很合理的做法。但重讀真的能提高你了解及記住內容的機率嗎?

為了回答這些問題,我們來看羅森(Rawson)與金奇(Kintsch)(2005)的一項研究結果。他們讓大學生讀一篇難度頗高的《科學人》(*Scientific American*)文章,該文是講述碳封存。一些學生只讀一次,另一些學生讀兩次。在讀兩次的學生中,有些是讀完一次後,馬上重讀(稱為「**密集學習**」);有些學生是一週後重讀(「**間隔學習**」)。後者是採用間隔學習法,但他們只是重讀,而不是使用提取練習(如第5章所述)。在這三組學生中(單次閱讀組、密集重讀組、間隔重讀組),每組各有一半的學生在首次閱讀文章後,立即接受測驗。另一半是在閱讀後兩天接受測驗(單次閱讀組是在首次閱讀後兩天,重讀組是在第二次閱讀後兩天)。這個兩天的保留間隔很重要,因為它最接近考前一晚溫習的情況。最後,測驗是採用簡答題的形式,以衡量學生對碳封存的了解程度。

結果如〈圖7.1〉所示，有幾個值得注意的發現。我們先來看即時測驗的結果（圖左側）：在這種情況下，重讀比單次閱讀效果好，而密集重讀的效果與間隔重讀差不多（甚至稍好一點）。然而，你很少在學習後馬上接受測驗，而且你的學習目標通常是在較長的時間內記住重要的內容。因此，延遲測驗的結果（〈圖7.1〉右側）可能比較有參考價值。在延遲測驗中，密集重讀組的成績並沒有比單次閱讀組好很多，重讀對長期記憶的影響不大。相較之下，間隔重讀組在兩天內記住了更多最初從文章中學到的內容。也就是說，不管是立即測驗、還是兩天後測驗，間隔重讀組的成績都差不多。最重要的是，間隔重讀組在延遲測驗中的成績優於其他兩組。總之，重讀教科書與筆記可以增強記憶，而且當你間隔一段時間重讀時，重讀的效果可能最好。

　　這些結果的另一個面向也值得注意，但往往遭到教育研究者的忽視：即使間隔學習組在兩天後的測驗中考得最好，但學生的成績也只比50%高一點。因此，如果這是真實課堂中的重要考試，間隔學習組的成績並不及格。在這種情況下，如果這些學生能在相

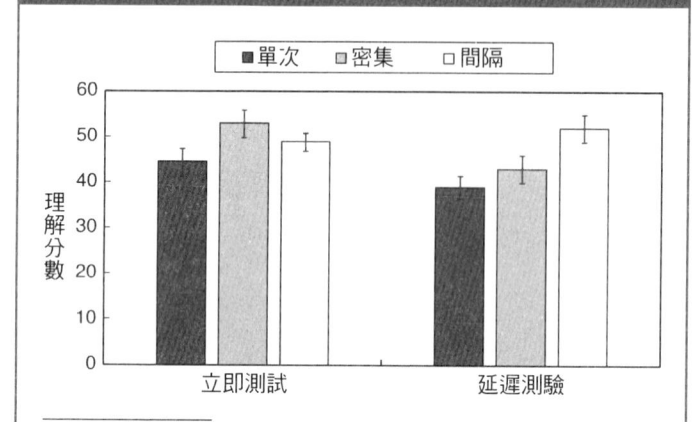

〈圖7.1〉單次閱讀、連續重讀（密集學習），或一週內重讀（間隔學習）的學生考試成績

注：標準誤差條是由原圖估計。改編自 "Rereading Effects Depend on Time of Test," by K. A. Rawson and W. Kintsch, 2005, *Journal of Educational Psychology,* 97(1), p. 72 (https://doi.org/10.1037/0022-0663.97.1.70). Copyright 2005 by the American Psychological Association.

隔數天的幾個讀書時段中多次重讀內容，也許他們最終可以達到低空飛過的成績。但誠如第5章的討論，更好的方法是在這些間隔的讀書時段中使用提取練習，並在答錯練習題時，重新複習內容。換句話說，要確保你已經學會並記住內容，連續再學習法是更好的選擇。

> 重讀教科書與筆記確實可以增強記憶，而把重讀時間分散在不同的讀書時段時，重讀的效果可能最好。但是，在間隔的讀書時段中採用提取練習法仍比重讀法更有效。

根據所有可用的證據，我們建議你少用重讀法。當然，你看不懂某些內容時，回頭重讀並想辦法弄懂，可能是不得不採取的做法。不過，如果一再重讀都沒有幫助的話，你就需要改用其他更能促進學習的策略了。例如，研究相關內容的範例，或是請教同學或老師。

「摘要法」要有效，前提是……

摘要法，顧名思義，是簡短地重述你閱讀內容的要點。有時學生會問，他們是不是應該把筆記抄寫一遍，以便把內容牢記在腦中。我們認為，抄寫並不是善用時間的方式，因為我們很容易只是機械式地抄寫

內容,並沒有動腦思考。相較之下,摘要需要轉化內容,用自己的話來表達其含義,同時試圖省略比較不重要的細節與多餘的內容。因此,相較於抄寫,做摘要更能促進學習,所以摘要法似乎是學習困難內容的絕佳策略。

　　遺憾的是,關於摘要法的研究顯示,其效果並不是那麼樂觀,原因有很多(相關綜合分析,參見 Dunlosky 等人, 2013)。第一,研究結果好壞參半:相較於只閱讀內容的學生,做摘要的學生有時考得比較好,有時考得一樣,有時考得比較差。第二,做摘要本身恐怕很花時間,可能花的時間與提取練習等策略一樣多或更多,而提取練習已經證實可以持續改善學習效果。第三,年紀較小的學生經過訓練而寫出很好的摘要時,做摘要確實能促進學習。這個結果固然可喜,但這也表示許多學生可能需要接受訓練才能寫出優質的摘要,使摘要法成為對他們有效的學習策略。

運用「圖像輔助學習法」的最佳時機

　　大腦擅長轉化感官接收的資訊，其中一項令人驚嘆的能力是運用心理圖像。許多人可以回想起他們之前看過的圖像，甚至能把其他資訊（尤其是文字）轉化為心理圖像。如果可以的話，請花點時間在腦海中走一遍你熟悉的地方（比如你家），並在過程中注意觀察周遭的東西。大多數的人都能對熟悉的地方形成詳細的心理圖像，感覺幾乎就像身臨其境一樣！現在，試著在腦海中想像「狗」，也許你是想像你的寵物或最近在電視上看到的狗。接著，想像「湯匙」。如果你把這兩個圖像結合在一起（或許你是想像一隻狗使用一支精緻的湯匙吃東西），你就是在運用互動式圖像。

　　事實上，圖像輔助學習法是兩千多年前第一批專業演說家常用的策略。在沒有紙張的年代，演說家必須記住冗長的故事以便與人分享。這種技藝看似幾乎不可能完成，但是當你知道這些演說家運用這裡描述的有效心理策略後，你就不會覺得那麼難了。他們使用的一個策略非常有效，名為**位置記憶法**（method of loci），那是運用類似我們建議你產生的心理圖像。位置記憶法是把你想記住的東西，儲存在心中一個大空間裡的不同位置（或場所）。等你想要回想這些資訊時，只須在腦海中重遊這些位置即可。演說家會先在記憶中創造一個有許多位置（或隔間）的劇場，然後把該記住的內容存放在不同的位置上，以便日後提取。

舉一個比較貼近生活的例子。首先，你在你熟悉的地方找出幾個不同的位置，例如你家的前門、玄關的衣帽架、臥室的門等等。在每個位置上，你都在心裡把想記住的東西擺在那裡。比如，如果你想記住一份購物清單，你可以把每樣東西放在房子的不同位置：在前門放蘋果、在衣帽架上放芹菜、在臥室的門口掛著花椰菜等等。運用心理圖像讓每個視覺化的東西和所在的位置產生互動（就像前述狗和湯匙的例子那樣），效果會更好。比方說，你可以想像一顆大蘋果擋在前門，或是一個由芹菜製成的衣帽架。你去超市時，只要在腦中走過你的房子，就能回想起你想購買的所有東西了。

位置記憶法雖然有效，但很多情況下可能不太實

用。畢竟，你需要先牢記許多位置（這可能需要一些時間與心力），而且你需要學習的許多內容無法輕易地擺在特定的位置上。不過，當你可以在最需要的時候靈活運用每種學習策略時，心理圖像還是可以成為實用的專門工具。

為什麼我們把心理圖像視為專門策略，而把提取練習視為通用策略？答案在於，你可以對任何想學習的內容做提取練習，而且這樣做一定能增強你的記憶。相較之下，心理圖像在學習具體的內容時效果最好，也就是說，內容必須有自然的視覺對應物。狗是具體的，分子的幾何結構也是具體的。然而，你需要學習的許多內容是抽象的，因此難以轉化為圖像。儘管如此，並非所有抽象的概念都不適合使用這種技巧。例如，若想學光合作用的步驟，可以想像二氧化碳分子進入植物葉片，同時植物從根部吸收水分。大多數的教科書會以圖案的形式來呈現這個過程，所以何不嘗試把這個圖示轉化為真實的場景：在一個完美的春日，想像一株真實的植物、雨水和陽光。你想像的完美陽光、春雨、最喜愛的植物，可以成為一個記憶劇場，讓你把所有的參與者（二氧化碳、氧氣、氫

分子）從過程的開始到結束串聯在一起。對於任何適合視覺化的內容，你都可以嘗試使用心理圖像，尤其當你使用前幾章描述的通用策略仍難以記住那些內容的時候。

> 心理圖像在學習具體的內容時效果最好，但你需要學習的許多內容是抽象的，因此難以轉化為圖像。

最後，我們來看這個專門工具的一個非常具體的應用：**關鍵字記憶法**（keyword mnemonic）。關鍵字記憶法的主要目的是，幫你把外語單字和其對應的譯文聯想在一起。不過，它也可以用來學習字彙的定義和其他更複雜的內容。現在，我們以一組外語單字為例。法語的「房子」是maison。如果你剛開始學法語，maison這個字對你來說可能毫無意義，也難以想像。為了使用關鍵字記憶法，你要先為maison這個字找出一個具體的關鍵字。以這個例子來說，你可以選mason（泥水匠）這個字。接著，你在腦中形成「泥水匠」的圖像（也許他手拿著泥鏟）和房子的圖

像（或許是你童年住過的房子）。然後，把兩個圖像結合起來，例如想像泥水匠正在為房子砌磚牆。這樣做的目的是，以後你被問到maison的意思時，你會回想起與它非常相關的關鍵字「mason」在建「房子」的畫面。

不過，使用這種技巧時，可能會遇到一些問題。一些研究（如Wang等人，1992）比較了使用關鍵字記憶法的學生和不用關鍵字記憶法、直接背單字的學生。在即時測驗中，使用關鍵字記憶法的學生通常考得比較好。然而，在延遲測驗中，結果恰恰相反：使用關鍵字記憶法的學生忘了更多所學的內容！前面舉的例子可以說明其中一個原因：經過一段時間後，你可能正確地回想起關鍵字「mason」和泥水匠在為房子砌磚牆的畫面，但你或許忘記這個畫面具體連結到什麼──maison是指「房子」，還是指「磚塊」？此外，要想出一個可用的關鍵字，恐怕也要花不少時間和創意。如果你是喜歡創作故事與圖像的人，這可能是有趣的學習方式，但我們猜想，多數學生也許更想把時間花在其他地方。最後，打開任一本外語入門教材，你會發現許多（甚至是大多數）外語單字並不容

易轉化為關鍵字。因此，我們建議大家少用這種技巧，也許只在那些容易產生有意義的關鍵字和互動式圖像的內容上使用。

策略歸納

如果有人告訴你，他有一種學習法可以讓學習變得很輕鬆；或者說，你只要使用（或至少購買）他的學習技術，就會看到奇蹟，那麼他只是想賺你的錢而已。學習本來就不是一件易事，當你花很多時間學習卻看不到進步時，很容易感到沮喪。想要像高手一樣學習，你需要為學習的挑戰做好準備，並選擇最適合因應這些挑戰的學習策略。我們衷心希望前面幾章可以激勵你去嘗試一些學習策略。我們可以保證，學習過程仍然會有困難的時候，但至少你會看到實質的進步，而且在你遭遇困難時，有效的學習策略將為你指引方向，再加上老師、輔導員、朋友的協助，必定能幫你逐步邁向精通。

> **用對方法,學習事半功倍**
>
> - 學習高手都知道學習並不容易,沒有任何學習方法可以神奇地讓你不費吹灰之力,就學會東西。
> - 成功的關鍵在於,在恰當的時機,針對適當的內容,使用專門的學習策略,例如畫重點、圖像輔助學習法。
>
> **延伸閱讀**:Worthen, J. B., & Hunt, R. R. (2010). *Mnemonology: Mnemonics for the 21st century.* Taylor & Francis.

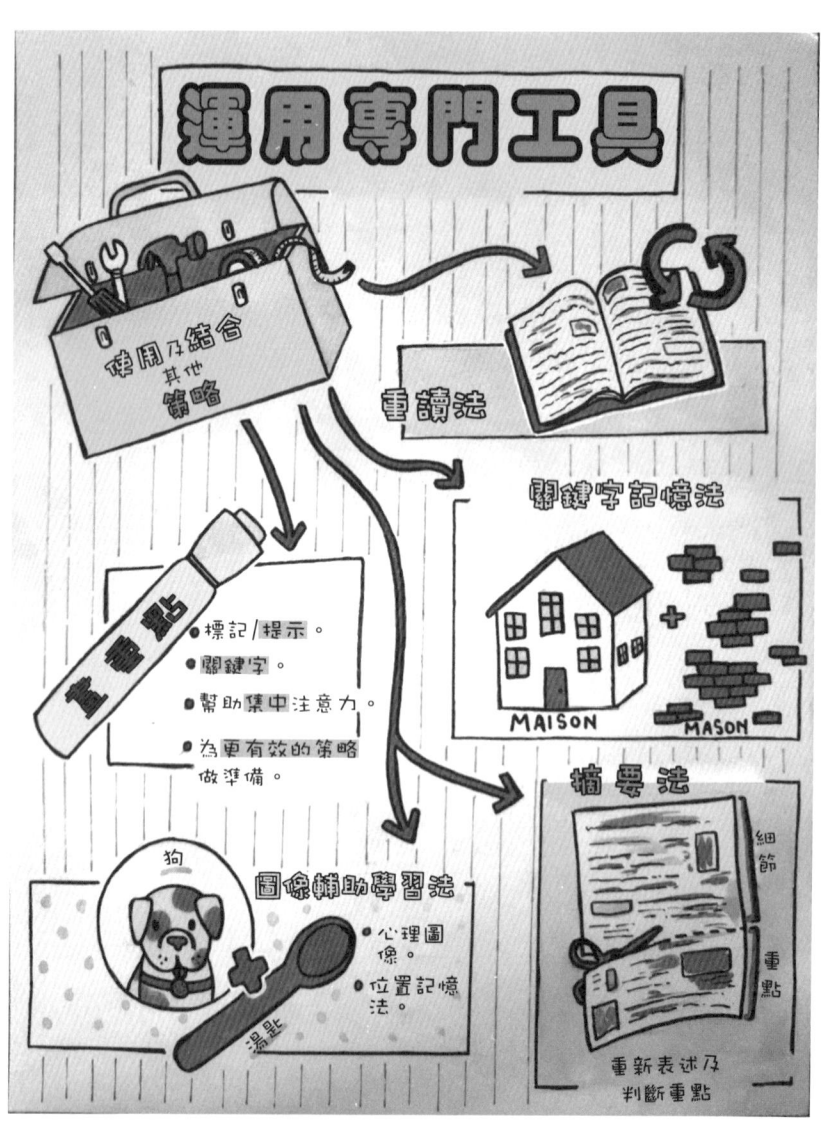

佩琪‧赫博多繪圖，經許可刊印。

第8章

學習策略這樣搭，發揮1+1>2的成效

本章你會學到：
- 幾乎每一種學習策略都在你的學習工具箱中，占有一席之地。
- 學習某些課程內容時，混合使用通用策略與專門策略可能是必要的。
- 如何像學習高手那樣，結合不同的學習策略。

傑曼為了準備認知心理學進階課程的考試，一直很認真地使用連續再學習法。他把多數概念學得很好，也記得很牢，但每次回想處理層次理論（levels-of-processing theory）的主要假設時，他的腦子就一片空白。從好的方面來說，使用連續再學習法讓他發現自己學不好的地方。但從壞的方面來說，他確實遇到了學習障礙，也為此感到沮喪。以這個例子來說，在無法提取記憶後，重新學習那些假設，幫助並不大。那麼，傑曼該如何克服這個學習障礙？我們有兩個立即可行的建議。第一，雖然失敗可能令人沮喪，但我們建議你把它視為學習過程中的一種成功，因為學習本來就是困難的。感到沮喪正表示學習目標尚未達成。因此，當你繼續使用這些策略時，盡量不要感到沮喪，而是要像學習高手那樣重整旗鼓。

我們的第二個建議是，重新調整並把連續再學習法與其他的策略結合起來。因此，在想不起假設後，不要只是重讀理論的假設，而是考慮使用自我解釋法（例如，為什麼處理層次理論會做那些假設？）把一些假設轉換成心理圖像，或用自己的話來歸納那些假設。

這裡的意思是，即使是專門策略（有時甚至不太有效），但只要運用得當，也可以成為你策略工具箱裡的實用工具，尤其當它們與更通用的策略結合起來使用的時候。事實上，現在你的工具箱裡應該包含一系列你可以信賴與依靠的學習策略，其中一些可以廣泛用來學習幾乎任何課程（例如提取練習），其他則適合比較具體的學習目標（像是使用解題範例）。想要像高手一樣學習，你往往需要結合多種策略來實現學習目標。以我們介紹的策略數量來看，可能的組合數量相當龐大，因此在接下來的幾頁中，我們將提供一些例子，幫你了解如何為新的學習挑戰混搭學習策略。

在說明一些我們最喜歡的組合以前，這裡要請大家先注意一個重要說明和一個提醒。重要說明是，很多研究的焦點是評估本書所述各種學習策略的效益，但這些研究幾乎都是針對單獨使用的策略。至於策略組合的效果，現有的證據很少。因此，這裡提供的建議是基於我們的專業直覺，我們認為組合策略有助於因應學習挑戰。至於提醒，讓我們再次思考「間隔練習」的概念。我們討論的多數策略都是在教你**如何學**

習,但間隔練習是在教你**何時**學習。也就是說,把複習分散到不同的時段。我們再次指出這點,是因為我們建議你先為每門課程安排間隔練習的時間表,也許每週為每門課程安排幾個讀書時段。排好時間表後,你需要決定哪種學習策略(或策略組合)最適合每個讀書時段的學習需求。

在特定的讀書時段中,某些策略與其他策略結合起來特別有效。我們在〈表8.1〉中列出了一些這樣的策略組合。這些例子只示範了幾種結合策略的可能方式,所以我們鼓勵你去探索最適合你當前學習目標的策略組合。許多策略組合都很直觀,不言而喻,但我們還是要強調其中幾個,以確保你懂得如何正確地運用它們。

關於連續再學習法,請記住它是透過提取練習再加上回饋機制,直到你能正確回想起內容為止,然後在多個讀書時段中重新學習相同的內容。順帶一提,連續再學習法本身就是策略的組合:它適當地結合了提取練習與間隔練習。當你無法正確提取想要的答案時,你需要去研讀(並嘗試學習)正確的答案。就像傑曼的例子所示,你可以直接重讀答案,但為什麼不

使用更有助於學習的策略？他可以考慮使用自我解釋法來說明為什麼答案是正確的（如果適用的話），或是為答案想像一個心理圖像（如果可行的話）。假如你還是學不會，似乎記不住某個答案，那麼你可能並未充分了解答案。這或許是因為你缺乏背景知識，或是因為某個錯誤觀念阻礙了你。但沒關係，連續再學習法是很好的策略，因為它可以讓你追蹤你學習困難內容的進展。萬一你似乎總是學不會，這可能是求助的好時機。關於如何求助的建議，請參見第 9 章。

當你需要學習如何解題時，在研究解題範例的同時，採用交錯安排的方式來練習各種題型，是絕佳的策略組合。在解題過程中，當你遇到困難時，這正是研究同類問題解題範例的最佳時機。而對於交錯學習來說，它是一種特別適合與解題練習結合起來的學習方式。當然，很重要的一點是，確保你事先不知道即將要解的問題類型，這樣你才能在嘗試解題之前練習辨識每個問題。

當你研究解題範例，隨後嘗試自己解題時，你可能會發現自己老是忘記或無法正確運用某個步驟（或多個步驟）。如果是這樣，可以考慮使用一個策略，

〈表8.1〉一些有效的策略組合

策略組合	通用方法
畫重點＋任何有效策略的組合	以畫重點的方式，找出要研讀的內容。
連續再學習法＋自我解釋	在提取失敗後重新學習時，使用自我解釋。
連續再學習法＋圖像輔助學習法	在提取失敗後重新學習時，使用圖像輔助學習法。
交錯練習＋解題	解題時，交錯練習不同類型的問題。
解題範例＋提取練習	練習提取你一直遺忘的解題步驟。
解題範例＋自我解釋	解釋為什麼解題範例的每個步驟都與解題有關。
重讀法＋自我解釋	重讀時，向自己解釋最重要的內容。
摘要法＋連續再學習法	摘要冗長的內容後，使用另一種策略來學習它。
摘要法＋自我解釋	摘要冗長的內容後，使用另一種策略來學習它。
提取練習＋求助	如果你一直學不好，請尋求幫助。
解題＋求助	如果你一直學不好，請尋求幫助。

幫你特別記住該步驟。例如，在學習下一個解題範例之前，試著從記憶中提取所有步驟，然後評估你是否都想起來了。另一種可能是，你之所以感到困難，是因為你沒有完全了解為什麼解題的每個步驟是必要的。為了判斷你是不是這樣，何不試著解釋解題過程中每個步驟的目的？如果你無法解釋為什麼某個步驟是必要的，也許你該回頭翻教科書或筆記找答案，或請教同學或老師。

如果你決定對教科書的一個較長章節做摘要，以擷取最重要的內容。切記，這樣做可能不足以充分學習那些內容。因此，做完摘要後，不妨使用更有效的策略來真正學習內容。比如，做完摘要後，你能向自己解釋這個摘要嗎？如果不能，也許你的摘要還不夠完整，或者你需要參考其他內容（另一本教科書或你的筆記）來幫你充分了解內容才能解釋。你也可以使用連續再學習法，做法是先找出哪些內容應該作為提取線索，以及你想從記憶中提取的內容，然後像使用學習卡那樣運用你的摘要，來做連續再學習。以上只是幾個結合不同學習策略的例子，你可能會覺得某些組合對你比較有效。

我們建議你靈活運用這些策略，並持續努力直到達成學習目標。換句話說，你應該試著評估或追蹤你朝最終目標邁進的進展，這也帶出了我們想強調的最後一點：在多次讀書時段後，你需要判斷你是否已經達到學習目標了，而一種很好的判斷方式是做習題測驗。如果目標是解開某類型的問題，那就練習解那些問題，直到你都答對為止。假如考試要求你描述克氏循環（Krebs cycle），那就試著從記憶中回想，把它寫下來。要是你在讀書時段無法做到這樣，那就表示你還沒有達到學習目標。即使你在某次讀書時段中能回想起來，之後可能還是會忘記某些部分，所以你要在不同的讀書時段再次嘗試回想。重點是，無論是回答選擇題、申論題、執行某些程序，還是解題，搞清楚在考試中如何運用你所學的內容，並持續練習你該做的事情直到精通。當你終於面對重要的考試時，你會知道你已經準備好了，因為你一直以一種幫你考高分的方式來學習那些內容。

　　既然我們已經提供了一些如何結合學習策略以達成學習目標的建議，我們也需要強調，想要成績優異，不是只靠讀書就夠。其他習慣，如睡眠時間和是

否運動，都可能影響你的成績、幸福感、整體健康。此外，你要記住，在追求學業成績的路上，你不是孤身一人。必要時，你應該尋求同學、導師、輔導員、教師的建議與協助。因此，我們在最後一章討論學習高手的其他好習慣，並提供如何求助的建議。

策略歸納

　　如何像高手一樣學習？首先，選擇最通用的學習技巧來準備課程：制定計畫並管理時間，以安排每週的讀書時段。接著，從通用策略中選擇在每個讀書時段使用的策略，也許先計畫好，標記出你需要學習的最重要內容；使用自我解釋法來閱讀所有內容；然後，以連續再學習法來研讀考試需要記住的內容。接下來，如果你一直搞不懂某些內容，就從你的學習工具箱中尋找適合當前挑戰的專門策略。萬一你記不住具體的資訊，可以採用圖像輔助學習法；解釋為什麼解難題的每個步驟都是必要的；甚至請教同學或老師。雖然像高手一樣學習可能需要多練習才能熟練，但這種方法本身相當直截了當：為每個課程找出學習

目標,然後在上完第一堂課後,盡快花點時間規劃如何達成那些目標,並選擇最佳策略以達成目標。

> **用對方法,學習事半功倍**
>
> - 學習高手會結合通用學習策略與專門策略。
> - 成功的關鍵是,考慮你想精通什麼,並選擇正確的策略組合。
>
> **延伸閱讀**:Miyatsu, T., Nguyen, K., & McDaniel, M. A. (2018). Five popular study strategies: Their pitfalls and optimal implementations. *Perspectives on Psychological Science*, 13(3), 390-407. https://doi.org/10.1177/1745691617710510

佩琪・赫博多繪圖，經許可刊印。

PART III

課堂之外

第 **9** 章

顧好情感、行為、認知,讓你會玩又會讀書

本章你會學到:
- 為什麼健康行為是成績優異的關鍵。
- 因應大學生活與壓力的一些最佳方法。
- 為什麼良好的飲食習慣與體能活動,能帶來明顯的改變。

「有時候我喝到不醒人事,完全不記得後來發生了什麼。」

——我們的前學生「馬修」

我們以馬修的話來揭開這一章。他在健康心理學的課堂上與大家分享這段經歷時,並不是在吹噓,而是感到羞愧,但也很坦白。在大家的追問下,他透露,他每週和朋友外出喝酒四五次。每一次都是先在一位朋友的公寓裡喝一輪,然後到另一位朋友的家裡繼續喝,最後再前往供應便宜酒類的場所。馬修承認,這可能是他多項作業遲交、忘記交報告,期中考不及格的原因。此外,馬修喝酒時也會抽菸。由於過著這樣的社交生活,多數夜晚,他都到凌晨3點才睡。酗酒只是馬修諸多問題的冰山一角。你認識類似「馬修」這樣的人嗎?

像高手一樣學習,不只需要練習及熟悉前幾章提到的各種技巧。想要學得好、考高分、長期記住那些知識,還需要妥善照顧自己的身心健康。有時,你可能在課堂上或大學新生訓練時,聽到這樣的建議。但大多時候,教職員把焦點放在你該學什麼,並督促你

跟上閱讀進度與作業（當然，這兩個要素很重要），而忽略了全面的觀點。想要把書讀好並過得快樂，我們需要注重全人發展。所謂的**全人**，包括我們的感受（或情感）、行動（或行為）、思維（或認知）。這些是成為學習高手的基本要素。在本章中，我們把重點放在如何使這些要素維持在最佳狀態。

本章將概述四個主要的身體健康行為：吃、喝、體能活動、睡眠，以及一個重要的心理健康行為：**正念**。這五種行為合起來將幫你像高手那樣學習。

立即開始：自我評估

以下這組問題是為了評估你的健康行為而設計的。請針對每項行為，回答你落實該行為的程度，**1分＝完全沒做，5分＝一直都有做**。讀完所有的問題並給分後，請思考你的答案。

1. ＿＿我運動以維持健康。
2. ＿＿我有均衡的飲食習慣。

3. ____我會服用維他命。
4. ____我會定期看牙醫做檢查。
5. ____我會注意自己的體重。
6. ____我會限制咖啡、糖分、脂肪等食物的攝取。
7. ____我會蒐集影響健康的相關資訊。
8. ____我會留意可能罹患重大健康問題的徵兆。
9. ____我會服用健康補給品。
10. ____我會定期做健康檢查。
11. ____我常用牙線。
12. ____我會與朋友、鄰居、親戚討論健康話題。
13. ____我不抽菸。
14. ____我有規律地刷牙。
15. ____我會接種疫苗以預防疾病。
16. ____我有充足的睡眠。

現在計算你的總分。分數越接近80分，表示你越健康。

注:摘自 "The Health Behavior Checklist: Factor Structure in Community Samples and Validity of a Revised Good Health Practices Scale," by S. E. Hampson, G. W. Edmonds, and L. R. Goldberg, 2019, *Journal of Health Psychology*, 24(8), p. 1111 (https://doi.org/10.1177/1359105316687629). Copyright by 2019 by Sage. 經許可轉載。

健康不是二分法,而是「連續狀態」

健康的定義有很多種,尤其不同文化的定義可能各不相同,但這裡有一個全面又扼要的定義:**健康**是一種完整的身體、心理、社交健全狀態(Gurung, 2019)。這個描述包含了身體層面,這也是多數人聽到「健康」時最先想到的部分。為了維持身體健康,你需要確保你做到科學證實能有效促進及維持健康的行為。雖然每週似乎都會出現新研究及相關的健康行為建議,有一些準則是科學一再證實有效的。這些準則包括避免危險行為(如抽菸、開車時傳簡訊)、獲得充足的睡眠、均衡飲食、節制飲酒、做足夠的體能活動。這個廣義的健康還包含心理層面,這對於像高手一樣學習特別重要,其中包括如何因應壓力及練習正念。

我們應該把健康視為一種連續狀態，一端是最佳健康狀態，另一端是不健康狀態。這表示，在任一時點，你都處於連續狀態的某個位置，任何行為的改變都可能讓你朝其中一端移動。如果你開始增加體能活動，就會往健康的那端移動。要是你開始抽菸或飲食不均衡，就會往不健康的那端移動。

　　讓我們帶你了解一些能幫你像高手一樣學習的重要準則。你可能會看到某些小標題，就以為你已經掌握了那些行為。但不要因此跳過那些部分，每個準則中可能都有讓你感到意外的要素。

睡得好，才學得好

　　我們先從睡眠談起，因為這可能是大學生最常忽視的健康行為。我們接觸過的多數大學生似乎都睡眠不足，全國的資料也證實了這點。疾病管制與預防中心（Centers for Diseases Control and Prevention, 2017）建議18至60歲的成人每晚至少應睡7小時，但他們也估計逾35%的成人無法做到這點。

睡眠有許多重要的功能，獲得充足的睡眠非常重要。一般來說，睡眠是身體用來恢復的時間。對睡眠活動的研究顯示，這是蛋白質生長、細胞重建，甚至清除毒素的時間。對學習來說，證據顯示，睡覺時會強化前一天的記憶。這帶給我們一些重要的啟示：相較於考試當天一大早起床溫書，讀書後立即去睡覺，反而可以把學習的內容記得更牢。當然，避免考前一晚臨時抱佛腳，而且分散學習時間更好（參見第4章）。

你早上的感覺，與睡眠時間長短及睡眠週期的穩定性都有關。最理想的模式是，每週都在固定的時間上床睡覺與起床。即使你每天凌晨1點睡覺，早上9點起床也沒關係。這樣你每天都能獲得8小時的睡眠，而且你的睡眠週期很穩定（雖然上課與工作時間可能不允許你這樣做）。這種一致性很重要，因為我們都有**生理時鐘**，亦即日常身體節律。我們的身體會根據「睡眠—清醒時間表」來分泌荷爾蒙和其他化學物質。我們的體溫也會隨著這些時間表而變化。在我們醒來之前，體內會出現一波化學物質的釋放高峰，幫我們準備迎接新的一天。如果我們不斷改變起床時

間,這個高峰就無法配合我們的活動。為了達到最佳的健康狀態與警覺性,你需要有充足的睡眠,並維持一致的睡眠週期。每週兩三晚熬夜狂歡並睡到自然醒,然後其他日子比較早睡早起去上課,這樣會打亂你的生理時鐘。

> 為了達到最佳的健康狀態與警覺性,你需要有充足的睡眠,並維持一致的睡眠週期。

以下還有幾個重點。每個人需要的睡眠時間不盡相同。每晚8小時是安全的平均值,有些人可能需要更多,少數人可能需要更少。更重要的是,睡眠品質也很關鍵。較好的睡眠品質不僅與更好的健康狀況與較少的憂鬱程度有關;睡眠品質越好,第二天的困倦程度越低(Pilcher & Morris, 2020)。睡眠與清醒都很依賴周圍的光線。如果你想睡得好,就要在黑暗中睡覺。要是你沒有好的窗簾,可以考慮使用眼罩。此外,確保周圍沒有太多的聲音,即使你習慣使用手機當鬧鐘,睡覺時也要關掉手機:去買一個10美元的

鬧鐘吧。如果手機就在你身邊或枕頭下，你有一大部分的意識會一直追蹤著手機。你會注意到手機的通知訊號。許多學生會在夜間醒來，在大腦不完全清醒的狀態下發送簡訊（回覆簡訊，但早上醒來完全不記得自己這樣做過）。然而，在睡夢中傳訊息或被通知吵醒，會嚴重影響睡眠品質。睡覺時盡可能讓自己遠離手機，這樣才會睡得更安穩，進而減少白天的困倦，提高專注力與注意力。

在壓力爆表之前，就先開始注意你的壓力

每個人對壓力的感受都不同。一種了解壓力的簡單方式，是把它視為打亂身體平衡（或稱恆定性〔homeostasis〕）的因素。身體運作時有其偏好的狀態，包括體溫、血糖、呼吸、血壓等等都有其理想的設定值。這個概念可以用一個常見的實體類比來解釋。北美的多數房屋都有恆溫器，以維持房屋在各方面的最佳運作狀態。我們設定恆溫器，當氣溫低於設

定值時,屋內就會升溫。當氣溫高於設定值時,房內就會降溫,以維持恆溫。我們的大腦中有一個名為下視丘(hypothalamus)的結構,它也有同樣的功能。下視丘確保我們的身體維持在設定的水準。任何對我們的系統造成壓力的因素,都很容易打破這種微妙的平衡。

　　你覺得有壓力時,多種身體系統會啟動來幫你因應壓力源。你的心率會上升,血液循環會加速,呼吸會變得急促。某些身體系統則會減緩或停止運作。壓力會影響消化與生殖系統。你可以從飲食行為的改變,以及女性月經週期的波動中察覺到這點。性慾也可能產生變化(例如,性趣缺缺)。這些改變反映你壓力大時,身心因素之間的複雜互動,這就是為什麼良好的壓力調適很重要。

　　每個人都面臨著各種要求,這些要求可能為我們帶來很多壓力。對一般的大學生來說,這包括老師要求閱讀的課程內容、作業、上課、考試。每門課都可能充滿挑戰,當你同時修好幾門課時,壓力恐怕更大。此外,許多學生還半工半讀。在工作上,他們面臨更多的截止期限、訓練,有時甚至要扛業績或達到

市場目標。

除了學業和工作領域以外，還有個人領域。朋友和家人可能是幸福與愉悅的重要來源，但你或許也是許多人依賴的對象，很多人說不定有賴你在情感、生理或財務上的支持和幫助。不同的期望、截止期限與情況，都可能單獨或一起成為潛在的壓力源。

對不同的人來說，壓力有不同的含義，應對方式也不同。健康心理學家把**壓力調適**（coping）定義為，我們為了減少或預防壓力源帶來的傷害、威脅或損失，並減輕相關的痛苦所採取的行動（Carver & Connor-Smith, 2010）。壓力調適的方式有很多種，有些人訴諸宗教與祈禱，有些人刻意把注意力轉移到其他地方，有些人沉溺於毒品或酒精，還有些人可能是直接面對壓力源。有些方法的效果比其他方式好，但事實上，最佳的調適策略是看壓力源的類型、壓力是否可控，以及壓力是長期或短期而定。研究壓力調適策略的學者發現，人類的調適方式主要可分為兩大類：一、**趨近式**調適，也就是**問題導向**的因應方式；二、**迴避式**調適，也就是**情緒導向**的因應方式。如此分類後，上述的多元情況變得稍微易於理解。

你可以決定直接面對並解決壓力事件,這是趨近式調適。或者,你也可以努力迴避它,這是迴避式調適。例如,如果你不喜歡你的工作和同事,上班可能讓你覺得壓力很大。你可以跟主管談談,看能不能改善工作環境,這是趨近式做法。當然,你也可以經常請病假逃避工作,這是迴避式做法。你可以透過行為(如不去上班)或心理(像是靠追劇來分散注意力)來迴避壓力。研究者把每種調適方式視為互相獨立的,但實務上,這兩種方式常交織在一起,往往有互補效果。

> **有太多的事情要做時,我們往往會覺得壓力很大。做好規劃有助於減少這種壓力。**

幸好,本書的許多章節提供了如何因應學生生活各種要求的建議。第2章討論的規劃(和時間管理)是很好的調適方式,有助於避免截止期限悄然逼近,變成主要壓力源。有太多的事情要做時,我們往往會覺得壓力很大。做好規劃有助於減少這種壓力。想像

一下在截止期限前完成專案,並在考試前幾天就熟悉課程內容,這肯定能減輕壓力。

社會支持,最值得培養的力量

我們很愛的一首披頭四歌曲裡有一句歌詞,一語道盡了多年的健康心理學研究:「多虧朋友的幫助,我撐過來了。」確實,我們最重要的資源之一,就是周遭關心我們的人。我們能否因應壓力,主要是看我們實際獲得或相信我們能獲得多少支持,以及支持的品質而定。沒錯,即使只是相信有許多人可以支持我們,也能讓我們更健康、遠離壓力。**社會支持**最常見的定義是被愛和被關心的感覺。它可以是來自他人的情感、資訊或實質上的協助。社會支持可能是大學生活中最值得培養的要素之一,尤其當你覺得壓力大,想向朋友和家人求助時,特別有幫助。無論你關愛的人離你多近或多遠,都要花時間發簡訊、寫電郵、打電話給他們,或和他們視訊聊天。培養人際關係,與朋友保持聯繫,是因應大學壓力的重要部分。

社會支持也可以幫我們因應心理問題與倦怠感。近年來，校園內的心理問題大增，達到新高（Hoyt等人, 2021）。事實上，一項研究顯示，心理問題診斷的比例在短短十年內，從2007年的22%，上升到35%以上（Lipson等人, 2019）。太多需要心理輔導的學生沒有尋求協助，老師在這方面可以發揮很大的作用。一般來說，學生往往連課程相關問題也不願向老師求助。如果你看不懂教科書的某些內容，或想更了解你做的筆記，你可能會想要取得老師的投影片或講義。你應該主動求助。許多學生不願這麼做，但我們強烈建議你試試。老師也希望你學好，他們可以為你提供重要的支援。求助的方式有很多種，你可以把握老師的辦公時間。若你不想親自去，老師可能願意在Zoom上交談。你可以發電子郵件給他。雖然很少老師使用簡訊或社群媒體（如Instagram）與學生溝通，但他們都使用電子郵件，這是一種簡單的聯繫方式。你可以從課程綱要中看出與教授溝通的最佳方式（Gurung & Galardi, 2021）。課程綱要中也可能提供其他選項，幫你解決與課程無直接關係的問題，比如你的焦慮或沮喪。

無論你面對的問題是壓力、焦慮,還是情緒低落,練習正念也是放鬆的好方法,而且還能幫助你學習,這兩個好處是相輔相成的。

3招練習正念,獲得成功所需的專注力!

我們活在一個混亂的世界裡,資訊唾手可得又加劇了這種混亂。你可能坐在最詩情畫意、優美、寧靜的環境中,但只要你隨身帶著手機,而且維持開機,你就可能被各種訊息和通知淹沒。簡訊通知爭搶著你的注意力。你可能想查看你在Instagram或其他社群媒體上的發文獲得多少讚。X上可能流傳著你的偶像或最愛球隊的八卦或謠言,或政論家發布的最新評論。分心實在太容易了。即使你不是在山上或湖邊,而是在房間裡使用電腦,你或許也開著好幾個瀏覽器視窗。課程的學習管理系統可能正與YouTube影片或購物頻道爭搶著你的關注。培養專注力是一項關鍵技能。

我們在第1章就討論過專注的重要性及分散注意力的危險。現在我們要教你更明確的技巧，讓你能夠引導及維持注意力。這種一次只專注於生活某一方面的能力，是與學業成就有關的重要認知能力。美國心理學之父威廉・詹姆斯（William James, 1890）曾說過一句名言：「主動把分心走神的注意力一次又一次地拉回來的能力，是判斷力、性格、意志的根本……能精進這種能力的教育，才是最卓越的教育。」（p. 424）。正念就是答案。

　　關於正念，有多種描述方式。在最基本的層面上，練習正念時，需要密切關注時時刻刻的意識體驗，然後追蹤你的注意力，以持續專注於當下（Gallant, 2016）。我們的心思就像亞洲熱帶雨林中的野猴一樣，很容易從一個想法跳到另一個想法，四處遊蕩，被周遭奇奇怪怪的東西所吸引。你練習正念時，目標是辨識內在與外在的干擾因素（無論是想法、還是聲音），然後不帶評判地把注意力拉回當下。最著名的正念減壓倡導者喬・卡巴金（Jon Kabat-Zinn）把正念描述為刻意專注當下、且不帶評判而產生的覺察力（Kabat-Zinn, 2003）。

正念曾一度被歸類在書店的新紀元（New Age）區，大家曾以為正念是聖人與瑜伽修行者的專屬領域，但如今正念已在美國的主流社會中盛行多年。事實上，世界各國都開發了正念課程（Waters等人，2015）。尤其在大學環境中，正念訓練不僅能減輕壓力與焦慮，改善心理健康、睡眠品質和情緒狀態，還能提升工作記憶（working memory）、認知靈活性等多項認知能力（Calma-Birling & Gurung, 2017）。

　　如果你需要證據，可以看一些證明正念效果的研究。在一項研究中，學生每週做兩次10分鐘的正念練習，十五週後，他們變得更加自我疼惜，善待自己，感受到的壓力和焦慮更少，比較不會鑽牛角尖（Yamada & Victor, 2012）。在另一項研究中，參與6分鐘正念訓練的學生在課後測驗中的成績，優於沒有練習正念的學生（Ramsburg & Youmans, 2014）。

　　那麼，為什麼你應該練習正念？正念似乎能立即提升記憶容量，這可能與它能減少分心走神有關。練習正念可以強化專注力，尤其是幫你察覺思緒開始游移的時刻（Mrazek等人, 2013）。正念幫你把注意力一再地拉回你想專注的事物上，藉此培養持續的注意

力（Morrison等人，2014）。你學會不讓思緒、情緒或身體感覺劫持你對當下的覺察。這種注意力的自我調節（見第2章）本質上就是練習正念所追求的。它能啟動特定的認知過程，例如持續的注意力（亦即能長時間把注意力集中在特定的刺激上而不分心）、認知靈活性（亦即能根據情境需求，轉移注意力焦點），以及認知抑制（亦即能夠壓制那些干擾當前任務的自動反應）（Burley等人，2022）。

學習時，注意力的調節極其重要。你上課時可能因某些事情分心（例如收到簡訊、思緒飄到九霄雲外），你需要有能力把注意力拉回課堂上。研究顯示，隨著課堂時間的經過，你的注意力會下降。講課時間越長，你越容易分心。而正念能幫你專注更久，而且練習越多，你的專注力越好。

此外，你也可以試試「**番茄工作法**」（Pomodoro method）這種完成事情的簡單方法。這個方法的名稱是源於一個番茄形狀的廚房計時器。你可以設定任何計時器（不一定要是番茄形狀）20分鐘。然後開始工作，並堅持工作到計時器響起。如果計時器響起時，你沒有專注在任務上（比如在看抖音），那就重

新把注意力拉回任務上。然後，重設計時器。若計時器響起時，你正專注在任務上，那就把計時器設定為30分鐘並重新開始，直到每次計時器響起時，你都專注在任務上。這個技巧特別適合用在你不想做的任務上。

你現在就可以嘗試一些正念練習。俄勒岡州立大學的兩位正念專家雅各·林德斯利（Jacob Lindsley）與凱特·蓋拉格（Kate Gallagher）授權我們在此分享三組不同的指導方法。這些練習是專門為大學生設計的，試試看吧。

技巧1：呼吸覺察

- 決定你想練習多長的時間，並設好計時器。
- 讓身體維持舒適的姿勢，把背打直。
- 做幾次深呼吸以釋放身上不必要的緊繃或緊張感，然後讓呼吸回歸自然的節奏。
- 察覺房間內的任何聲音、身體感受，以及進出你意識的想法。它們會持續在背景或邊緣處來來去去。
- 花點時間注意你的呼吸，注意呼吸的感受。

- 將注意力放在身體**某個**位置的呼吸感受上，如腹部、胸部或鼻孔。在吐納之間，注意那裡的呼吸流動感受。
- 調整並專注於呼吸。
- 當你發現某件事、計畫或擔憂搶走你的注意力時，要為你察覺這件事感到欣喜，並把注意力重新拉回你選擇關注的呼吸感受上。
- 持續這樣做，直到計時器響起。

技巧2：身體掃描

- 決定你想練習多長的時間，並設好計時器。
- 讓身體維持舒適的姿勢，把背打直。
- 做幾次深呼吸以釋放身上不必要的緊繃或緊張感，然後讓呼吸回歸自然的節奏。
- 察覺房間內的任何聲音、身體感受，以及進出你意識的想法。它們會持續在背景或邊緣處來來去去。
- 開始「掃描」身體，把注意力集中在特定部位，從身體最下方往上掃描。花時間注意以下部位的感受：

- 左腳和右腳。
- 左小腿和右小腿。
- 左大腿和右大腿。
- 骨盆和臀部。
- 下背部。
- 腹部。
- 胸部。
- 上背部。
- 左肩、左上臂、左手肘、左前臂、左手腕、左手掌及手指。
- 右肩、右上臂、右手肘、右前臂、右手腕、右手掌及手指。
- 頸部。
- 頭部。
- 臉部。

• 當你發現某件事、計畫或擔憂搶走你的注意力時，要為你察覺這件事感到欣喜，並把注意力重新拉回你之前注意的身體部位上。在剩餘的時間裡，讓你的注意力在全身遊走，注意任何出現和消失的身體感受。持續這樣

做,直到計時器響起。

技巧3:開放覺察

- 決定你想練習多長的時間,並設好計時器。
- 讓身體維持舒適的姿勢,把背打直。
- 做幾次深呼吸以釋放身上不必要的緊繃或緊張感,然後讓呼吸回歸自然的節奏。
- 讓你的覺察大開,去感受當下活著的感官體驗。
- 感受房間內的聲音。
- 注意想法的來來去去。
- 感受全身的感覺。
- 覺察呼吸的節奏。
- 全然接納聲音、想法、身體、呼吸。注意它們每一個是如何出現與消失的。
- 當你的注意力開始渙散,你發現某件事、計畫或擔憂搶走你的注意力時,要為你察覺這件事感到欣喜,在呼氣時放鬆,並打開你的覺察力去注意房間內的聲音。
- 全然接納聲音、想法、身體、呼吸。注意它們每一個是如何來來去去。

- 持續這樣做，直到計時器響起。

即使是短暫的正念練習也有幫助嗎？心理系的大四學生黛絲塔妮・卡馬─伯林（Destany Calma-Birling）與古倫回答了這個問題（Calma-Birling & Gurung, 2017）。他們研究了5分鐘的正念練習能否提升學習效果。卡馬─伯林教一組受試者如何練習專注力冥想，然後比較他們的測驗成績。這組學生在課堂一開始，先看卡馬─伯林做12分鐘的簡報，談正念與教育的關係。簡報結束後，學生觀看6分鐘專注力冥想影片，並一起做5分鐘的正念練習。對照組在課堂一開始時，看一段18分鐘的影片，內容是談日常生活中的種族歧視。看完影片後，老師按平常方式上課。隔週，這兩組學生都做了那天講課內容的測驗。做了5分鐘正念練習的學生，測驗成績明顯優於對照組的學生（見〈圖9.1〉）。

你對他們正念練習的內容感到好奇嗎？他們先叫學生主動把注意力引導並維持在特定的目標上（例如自己的呼吸）。接著，他們告訴學生，試著察覺自己是否分心以及何時分心。當他們發現自己走神時，就

把注意力從干擾物拉回呼吸上。最後，他們教導學生把干擾看成「只是一個想法」，對自己寬容一些，告訴自己「分心也沒關係」（Lutz等人, 2008）。你可以試試他們使用的專注力冥想，那是由傑佛瑞・施瓦茲（Jeffrey M. Schwartz）製作的6分鐘影片，請掃描以下QR Code：

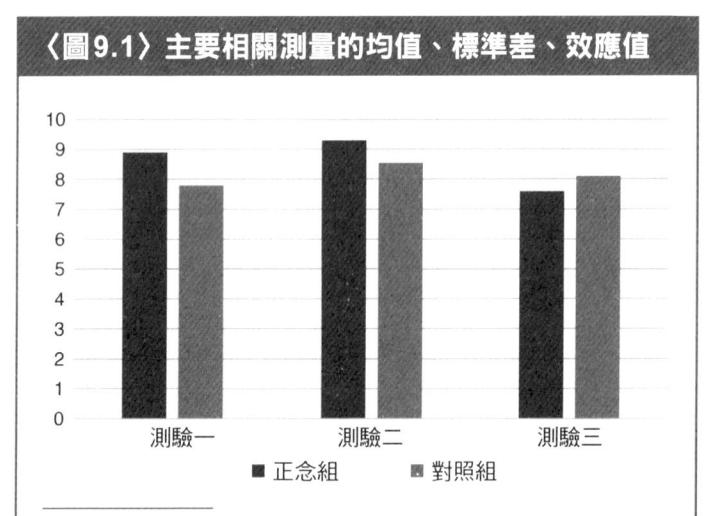

〈圖9.1〉主要相關測量的均值、標準差、效應值

注：改編自 "Does a Brief Mindfulness Intervention Impact Quiz Performance?, by D. Calma-Birling and R. A. R. Gurung, 2017, *Psychology Learning & Teaching*, 16(3), p. 329 (https://doi.org/10.1177/1475725717712785). Copyright 2017 by Sage. 經許可改編。

吃得健康，對學習很重要

你可能認為吃某些食物會讓你感覺更好，比如一品脫你最愛的冰淇淋或雙份雞翅。但事實並非如此，研究者探索了什麼能讓我們感覺更好，並實驗性地比較了不同類型的食物選擇（Troisi & Gabriel, 2011）。首先，受試者完成一份線上問卷，列出讓他們吃下去感覺良好的食物。最常被提到的療癒美食是巧克力（26%）、冰淇淋（18%）、餅乾（11%）。在完成問卷至少一週後，受試者來到研究實驗室，觀看讓他們情緒低落的影片。在幾個不同的研究中，受試者隨後可以吃療癒美食、不吃東西，或吃其他食物。吃療癒美食確實讓受試者感覺更好，但吃非療癒美食或不吃東西也能達到相同的效果。總之，無論是否吃東西（不管吃的是不是療癒美食），隨著看完影片後經過的時間越長，心情都會變好。

你的飲食均衡嗎？什麼是均衡飲食？你很清楚三大主要營養素（蛋白質、碳水化合物、脂肪），但是對於每一種應該攝取多少，常有爭議。一些研究建議，高蛋白質搭配極少碳水化合物，或完全不吃碳水

化合物最好。其他的研究顯示，無論吃什麼，只要少吃（減少你挑的任何食物的分量）就是最好的。我們很清楚大學生活的現實。學生常吃含大量碳水化合物的食物（披薩和義大利麵），也容易在深夜和一天中的不同時間進食。遺憾的是，攝入太多碳水化合物及吃宵夜會導致體重增加，這也與常吃速食、含糖飲料、外食、酒精、大分量的食物有關（Halliday等人, 2019）。從長遠來看，體重增加也可能帶來健康問題。

就像任何比賽一樣，你吃什麼、如何為身體提供能量，都會影響你的表現。對本書的主題來說，最重要的是，吃得健康對學習很重要。尤其，不同類型的食物以不同的方式提供能量。如果你吃了高蛋白質的早餐，你的精力會維持在較高的水準較久。甜甜圈或貝果或許快速又方便，貝果甚至看起來很健康，但這兩種食物中的碳水化合物分解得很快：你能快速獲得能量，但也會更快感到飢餓。目前的研究支持波倫（Pollan）（2007）的建議：食用天然及加工最少的食物，以蔬菜為主，而且不要吃太多。就飲食而言，唯一適合的飲食似乎是地中海飲食，因為它包含大量

的蔬菜與堅果。如果你喜歡希臘食物，如塔布勒沙拉（tabbouleh，按：主要由布格麥〔bulgur〕與切碎的歐芹、薄荷、番茄、洋蔥等食材混合而成，並加入食鹽、檸檬汁、橄欖油調味）、鷹嘴豆泥，你已經嘗過這類食物的風味了。這種飲食限制肉類的攝取，主張多吃魚類、全穀物與蔬菜。

讀書計畫中，一定要加入「運動」

多數人都知道運動有益身體健康。運動對心理健康與學習也有助益。體能活動可以減輕憂鬱與焦慮的症狀，提高自尊心，對身心也有諸多效益，包括降血壓、減重、紓壓、強化自信。缺乏活動（像是久坐）本身就與許多健康風險有關，例如：體重增加、注意力問題、無法專注、易怒、無精打采（Lieberman, 2021）。

美國衛生及公共服務部（U.S. Department of Health and Human Services, 2018）建議，每人每週的多數日子都應該至少做中等強度的體能活動。成人

（18至65歲）每週應做150分鐘的中強度活動，或75分鐘的高強度活動。值得注意的是，這些活動可以在一週內分散成多個10分鐘的簡短活動。該指南也建議，每週至少做兩次全身肌肉群的強化活動。一般人想到體能活動的建議時，往往會想到上健身房、跑步、騎單車或重訓，但還有許多方式也可以幫你消耗體力及活動筋骨。即使走路和站立也能消耗熱量。我們很容易就待在電腦桌前工作太久，所以不妨把其中的一些時間改為站立。確保你經常休息，到街上走走。在家裡或校園裡走動、打球、跳舞，或散步都能消耗熱量。當你安排每週的計畫時（見第2章），記得加入運動時間。

維持體適能涉及健康的許多方面。如果你想要更健康（尤其是因為健康有助於學習），那要確保你練習不同的體適能領域。光是跑步、純重訓或只游泳，那只專注於體適能的單一面向。但其實，你可以在許多領域提升體適能的水準。比方說，心肺耐力（Cardiovascular endurance）通常稱為有氧適能（aerobic fitness），是指身體攝入、運輸、利用氧氣的能力。有氧適能的常見衡量指標，是人做不同的任務時所使

用的氧氣量（VO$_2$）。而跑步與游泳可以培養這種耐力。體適能還有許多其他要素。比如，肌力、肌耐力、肌肉爆發力、速度、柔軟度、敏捷性、平衡性、良好的反應時間，以及較低的體脂比例，都是用來衡量體適能的指標。當你打算在一週中安排體能活動時，請盡可能安排多種不同的體能活動。

酒精，不利於學習

　　本章一開始提到的馬修顯然有飲酒過度的習慣。飲酒究竟是好是壞，或許比任何健康行為的話題更能引發熱烈討論。抽菸無疑是危險的，但飲酒呢？根據政府的建議，男性每天可以飲用兩杯酒，女性每天可以飲用一杯酒，這樣的飲酒量不會對健康產生明顯的負面影響（美國農業部和美國衛生及公共服務部，2020）。你可能也有朋友引用研究來為自己的飲酒行為辯護，聲稱每天喝一杯酒其實比完全不喝**更好**。這是真的嗎？

　　多數的大學裡，都有明顯的酗酒問題。近半數的

大學生有暴飲行為，也就是說，在過去兩週內，男性一次連續飲用五杯或更多的酒精飲料，女性一次連續飲用四杯或更多的酒精飲料（Erblich, 2019）。目前的飲酒者中，18至20歲這個年齡組的暴飲比例最高（51%）。壞消息是，喝酒每年造成10萬多人死亡，是僅次於抽菸、缺乏運動／飲食不良的第三大死因。

酒精不利於學習。現在已經清楚知道，飲酒（尤其是未成年飲酒）恐怕會損害學習、記憶、資訊處理能力。一份報告整合了多項有關大腦損傷與酒精的研究，最後得出以下結論：未成年飲酒者的大腦前額葉區域，面臨更大的損傷風險。相較之下，要對21歲以上的成人造成相同程度的腦部損傷，需要兩倍的酒精量。由於額葉發育持續到16歲，之後大腦維持高能量消耗率，直到20歲才開始下降（Robles等人，2019）。所以，未成年飲酒確實會阻礙腦細胞成長。在記憶與學習任務中，未成年飲酒者的大腦神經元與不飲酒者的神經元有不同的發射方式（Zeigler等人，2005）。

雖然先前的報告顯示少量或適度飲酒有益，如能提升高密度脂蛋白膽固醇（high-density lipoprotein

cholesterol，HDL-C）這個好膽固醇，但新的研究顯示，即使適度飲酒也可能與心臟問題和心臟衰竭有關（歐洲心臟學會, 2022）。HDL-C有助於保持動脈暢通，但研究並不建議21歲以上不喝酒的人開始飲酒。從科學的角度來看，目前缺乏充分的臨床與流行病學證據，無法建議滴酒不沾的人開始飲酒。

策略歸納

學習是一項充滿挑戰的任務。我們希望你已經學到，修課拿到好成績以及終身學習，需要的不只是「努力」而已。當然，努力很重要。你需要有動力或找到動力。現在你已經知道在課堂上取得優異成績的有效方法，包括規劃、時間管理、使用最有效的讀書時間表與策略。想成為學習高手，你需要開始採用這些學習方法。然而，必要的時候，你也應該好好照顧自己，例如維持規律的優質睡眠，以及每天做一些體能活動。

大學生活充滿挑戰，人生整體來說也是如此。練習本書描述的不同技巧，能使你逐步變身為學習高

手。為了讓所有的後設認知要素都能順利運作,你也需要維持健康。你要注意飲食、充分的睡眠、維持運動習慣、妥善調適壓力。維持健康不僅在求學時期有益,在未來也同樣重要。這聽起來很難嗎?那當然。但你能做到嗎?我們相信你可以的。祝你一切順利!

> **用對方法,學習事半功倍**
>
> - 學習高手以全面的方法追求健康,他們會努力獲得充足的睡眠、均衡的飲食、限制飲酒,以及維持足夠的體能活動。
> - 成功的關鍵在於,納入一種有助於調適壓力及提高成績的好方法:正念。請找出適合你的練習方式。
>
> **延伸閱讀**:Lieberman, D. E. (2021). *Exercised: Why something we never evolved to do is healthy and rewarding*. Pantheon.

佩琪・赫博多繪圖，經許可刊印。

第9章 顧好情感、行為、認知，讓你會玩又會讀書 267

附錄

學霸讀書技巧大補帖

以下是一些幫你磨練學霸讀書技巧的重要資源與練習。

小試身手:哪些讀書策略更有效?

檢視以下十二種讀書策略。多年的研究顯示,其中某些策略比其他策略有效。請圈出最佳做法。(答案列在本附錄的最後。)

1. 反覆閱讀內容。
2. 把讀書時間分配在多天進行。
3. 考前熬夜讀書。
4. 使用學習卡測試你知道多少。

5. 考前臨時抱佛腳。
6. 混合學習不同課程的內容,而不是一次只學一門課程。
7. 重新抄寫筆記。
8. 想出問題來測試自己的了解程度。
9. 記住重要術語的定義。
10. 把所學資訊運用到生活中。
11. 使內容符合個人學習風格。
12. 在毫無干擾的安靜環境中讀書。

了解一心多用的代價

找一位朋友來幫你,然後在做以下的事情時相互計時:

1. 以最快的速度從10倒數到0,然後立刻大聲念出A到K的字母。
2. 現在,交替說出倒數的數字和字母,亦即10-A、9-B,以此類推。

3. 將第二任務的完成時間,除以第一項任務的完成時間。

注意第三步驟得出的比值。如果比值小於或等於1,那表示你善於一心多用。假如比值大於1,那表示你一心多用時變慢的程度。例如,比值3.0意味著,你一心多用時的速度,比一次專注於單一任務的速度慢三倍。

想想哪項任務比較容易,並觀察你的實際體驗是否與計時結果相符。

- 思考一下,相較於專注處理一件事之後再做另一件事,一心多用的效率有多差?注意,這些都是我們熟悉且非常熟練的任務。面對像讀書這類複雜又不熟悉的任務時,一心多用的效率恐怕更糟。
- 思考如何規劃以減少一心多用的負面影響。

影片資源

以下是一些幫你提升讀書效果的優質影片資源：

1. 作者古倫與鄧洛斯基談論主要策略,請掃描以下QR Code：

2. 史蒂芬·周博士談讀書方法,請掃描以下QR Code：

特別推薦以下幾部影片：

- **入門影片**（選擇性觀看）：Developing a Mindset for Successful Learning（培養成功學習的心態）。
- **影片一**：Beliefs That Make You Fail . . . Or Succeed（導致成功或失敗的信念）。

- 影片二：What Students Should Understand About How People Learn（學生應該了解的學習原理）。
- 影片三：Cognitive Principles for Optimizing Learning（提升學習效果的認知原則）。
- 影片四：Putting the Principles for Optimizing Learning into Practice（如何落實最佳學習原則）。
- 影片五：I Blew the Exam, Now What?（我考砸了，這下子該怎麼辦？）。

（第一個練習「小試身手」的答案：偶數項是最佳做法。）

詞彙表

評量（Assessment）：一般而言，評量就是衡量，但在大學中是指判斷你的學習效果及學習內容的掌握程度。

校準（Calibration）：你對自己的知識判斷以及你對考試成績的預期，與實際考試成績之間的相符程度。

臨時抱佛腳（Cramming）：考前（通常是在考試前一晚）才讀要考的內容，這是無法創造長期記憶的無效讀書方法。

達標學習法（Criterion learning）：持續用提取練習（包含回饋）來學習，直到所有的內容都能正確回想一次（亦即達到一次正確回想的標準）、兩次（亦即達到兩次正確回想的標準），依此類推。

分散練習（Distributed practice）：請參見**間隔練習**。

效應值(Effect size):這是一種統計指標,用來衡量某個因素在研究中的影響強度。效應值(與相關係數不同)可以超過1.0。效應值越高,表示該因素的影響力越大。例如,班級規模的效應值中等,這表示它對學習的影響不像其他因素那麼大。

知道感(Feeling of Knowing,FoK):你對於你的知識、那些知識的準確性,以及你不懂什麼有多少了解與信心。

交錯練習(Interleaving):一種讀書方式,其特點是:一、把不同類型的內容混在一起練習;二、讓學生無法預知下一個練習內容是什麼,因此必須先辨識題型。比方說,在微積分課程中混合不同類型的導數問題,學生在解題前,必須先判斷這是哪一種類型的問題。

密集練習(Massed practice):就技能而言,這是指在單一練習時段內反覆練習同一項技能,之後就不再練習。就讀書而言,這是指在單一時段內只讀同樣的內容。例如,在某一讀書時段內花幾分鐘讀某個概念的定義,之後就不再複習該定義。

後設認知(Metacognition):對自我學習過程進

行思考的能力，它包括清楚意識到自己是解題者，而且能夠準確地判斷自己的學習程度。

統合分析（Meta-analysis）：一種研究方法或統計分析方式，把多個獨立研究的結果加以整合，以得出某特定效果或因素強度的單一衡量值。

追蹤（Monitoring）：評估你學會某事物的程度或回答問題的準確度。比如，做練習測驗是一種幫自己追蹤課程學習成效的方法。

提取練習（Retrieval practice）：試圖從記憶中回想你想學習的資訊。這類練習可包括自由回憶（如回想你對某個主題所知的一切）、線索回憶（提供線索，如「共價鍵的定義是什麼？」）以及回答選擇題等方式。

自我解釋（Self-explanation）：自己解說一遍為什麼某個事實、概念或解題方法是正確的。

自我調節（Self-regulation）：關注自己的學習過程，尤其是你如何規劃、追蹤、評估自己成績的過程。

間隔練習（Spaced practice）：就技能而言，是指把同一技能的練習分散在多個時段。就讀書而言，

是指把同一內容的學習分散到多個時段。

學習高手（Study Champion）：善於運用實證策略來提高學習效果，並能靈活運用各種後設認知技巧的人。

連續再學習法（Successive relearning）：一種結合提取練習與回饋的技巧。在每次練習時，學習者需要達到至少一次全部答對的標準，然後在一次或多次的間隔練習中重複這個過程。

摘要法（Summarization）：以比較簡要的方式歸納某個內容（如讀過的文章、看過的影片、聽過的講座等）的重點。

學習遷移（Transfer of learning）：學習的情境與最終測驗的情境不同時，就會發生學習遷移。比方說：讀書時練習某一種幾何題目，但考試時遇到該題的不同版本；在數學課上學習解「分數」題，之後運用那個知識把食譜的分量增加三分之一。

解題範例（Worked example）：展示問題的完整解答過程，包含解開該題所需的所有步驟。

參考文獻

Agarwal, P. K., Nunes, L. D., & Blunt, J. R. (2021). Retrieval practice consistently benefits student learning: A systematic review of applied research in schools and classrooms. *Educational Psychology Review*, *33*, 1409–1453. https://doi.org/10.1007/s10648-021-09595-9
Bain, K. (2012). *What the best college students do*. Belknap Press. https://doi.org/10.4159/harvard.9780674067479
Bartoszewski, B. L., & Gurung, R. A. R. (2015). Comparing the relationship of learning techniques and exam score. *Scholarship of Teaching and Learning in Psychology*, *1*(3), 219–228. https://doi.org/10.1037/stl0000036
Bernstein, D. A. (2018). Does active learning work? A good question, but not the right one. *Scholarship of Teaching and Learning in Psychology*, *4*(4), 290–307. https://doi.org/10.1037/stl0000124
Berry, D. C. (1983). Metacognitive experience and transfer of logical reasoning. *Quarterly Journal of Experimental Psychology*, *35*(1), 39–49. https://doi.org/10.1080/14640748308402115
Blasiman, R. N., Dunlosky, J., & Rawson, K. A. (2017). The what, how much, and when of study strategies: Comparing intended versus actual study behaviour. *Memory*, *25*(6), 784–792. https://doi.org/10.1080/09658211.2016.1221974
Burley, D. T., Anning, K. L., & van Goozen, S. H. M. (2022). The association between hyperactive behaviour and cognitive inhibition impairments in young children. *Child Neuropsychology*, *28*(3), 302–317. Advance online publication. https://doi.org/10.1080/09297049.2021.1976128

Butler, A. C. (2010). Repeated testing produces superior transfer of learning relative to repeated studying. *Journal of Experimental Psychology: Learning, Memory, and Cognition, 36*(5), 1118–1133. https://doi.org/10.1037/a0019902

Callender, A. A., Franco-Watkins, A. M., & Roberts, A. S. (2016). Improving metacognition in the classroom through instruction, training, and feedback. *Metacognition and Learning, 11*(2), 215–235. https://doi.org/10.1007/s11409-015-9142-6

Calma-Birling, D., & Gurung, R. A. R. (2017). Does a brief mindfulness intervention impact quiz performance? *Psychology Learning & Teaching, 16*(3), 323–335. https://doi.org/10.1177/1475725717712785

Carver, C. S., & Connor-Smith, J. (2010). Personality and coping. *Annual Review of Psychology, 61*, 679–704. https://doi.org/10.1146/annurev.psych.093008.100352

Centers for Disease Control and Prevention (2017). *Short sleep duration among US adults.* https://www.cdc.gov/sleep/data_statistics.html

Cepeda, N. J., Pashler, H., Vul, E., Wixted, J. T., & Rohrer, D. (2006). Distributed practice in verbal recall tasks: A review and quantitative synthesis. *Psychological Bulletin, 132*(3), 354–380. https://doi.org/10.1037/0033-2909.132.3.354

Chen, P.-H. (2021). In-class and after-class lecture note-taking strategies. *Active Learning in Higher Education, 22*(3), 245–260. https://doi.org/10.1177/1469787419893490

Coutinho, S. A. (2007). The relationship between goals, metacognition, and academic success. *Educate, 7*(1), 39–47.

De Bruyckere, P., Kirschner, P. A., & Hulshof, C. D. (2015). *Urban myths about learning and education.* Elsevier/Academic Press.

Dunlosky, J., & Lipko, A. (2007). Metacomprehension: A brief history and how to improve its accuracy. *Current Directions in Psychological Science, 16*(4), 228–232. https://doi.org/10.1111/j.1467-8721.2007.00509.x

Dunlosky, J., & O'Brien, A. (2020). The power of successive relearning and how to implement it with fidelity using pencil and paper and web-based programs. *Scholarship of Teaching and Learning in Psychology.* Advance online publication. https://doi.org/10.1037/stl0000233

Dunlosky, J., & Rawson, K. A. (Eds.). (2019). *The Cambridge handbook of cognition and education.* Cambridge University Press. https://doi.org/10.1017/9781108235631

Dunlosky, J., Rawson, K. A., Marsh, E. J., Nathan, M. J., & Willingham, D. T. (2013). Improving students' learning with effective learning techniques: Promising directions from cognitive and educational psychology. *Psychological Science in the Public Interest*, *14*(1), 4–58. https://doi.org/10.1177/1529100612453266

Dweck, C. S. (2007). *Mindset: The new psychology of success*. Ballantine.

Ebbinghaus, H. (1964). *Memory: A contribution to experimental psychology*. Dover. (Original work published 1885)

Einstein, G. O., Morris, J., & Smith, S. (1985). Note-taking, individual differences, and memory for lecture information. *Journal of Educational Psychology*, *77*(5), 522–532. https://doi.org/10.1037/0022-0663.77.5.522

Erblich, J. (2019). Alcohol use and health. In T. A. Revenson & R. A. R. Gurung (Eds.), *Handbook of health psychology* (pp. 133–147). Routledge.

Ertmer, P. A., & Newby, T. J. (1996). The expert learner: Strategic, self-regulated, and reflective. *Instructional Science*, *24*(1), 1–24. https://doi.org/10.1007/BF00156001

European Society of Cardiology. (2022, May 23). *Alcohol may be more risky to the heart than previously thought*. https://www.sciencedaily.com/releases/2022/05/220523135032.htm

Flavell, J. H. (1979). Metacognition and cognitive monitoring: A new area of cognitive–developmental inquiry. *American Psychologist*, *34*(10), 906–911. https://doi.org/10.1037/0003-066X.34.10.906

Foster, N. L., Was, C. A., Dunlosky, J., & Isaacson, R. M. (2017). Even after thirteen class exams, students are still overconfident: The role of memory for past exam performance in student predictions. *Metacognition and Learning*, *12*(1), 1–19. https://doi.org/10.1007/s11409-016-9158-6

Gallant, S. N. (2016). Mindfulness meditation practice and executive functioning: Breaking down the benefit. *Consciousness and Cognition*, *40*, 116–130. https://doi.org/10.1016/j.concog.2016.01.005

Gallup, Inc. (2014). *Great jobs, great lives: The 2014 Gallup–Purdue index report: A study of more than 30,000 college graduates across the U.S.* https://www.gallup.com/services/176768/2014-gallup-purdue-index-report.aspx

Gurung, R. A. R. (2014, September 3). Plan your crazy: A tip for the new school year. *Green Bay Press Gazette*. https://www.greenbaypressgazette.

com/story/news/education/2014/09/03/plan-crazy-tip-new-school-year/15037175

Gurung, R. A. R. (2016). *You a scapegoat? Answers to who's accountable for learning.* https://psychlearningcurve.org/scapegoat

Gurung, R. A. R. (2019). *Health psychology: Wellness in a diverse world.* Sage.

Gurung, R. A. R. (2020, February 13). RAP ON: Making metacognition visible. *Research Advancing Pedagogy.* https://blogs.oregonstate.edu/osuteaching/2020/02/13/rap-on-making-metacognition-visible

Gurung, R. A. R., & Burns, K. (2019). Putting evidence-based claims to the test: A multi-site classroom study of retrieval practice and spaced practice. *Applied Cognitive Psychology, 33*(5), 732–743. https://doi.org/10.1002/acp.3507

Gurung, R. A. R., & Galardi, N. R. (2021). Syllabus tone, more than mental health statements, influence intentions to seek help. *Teaching of Psychology.* Advance online publication. https://doi.org/10.1177/0098628321994632

Hacker, D. J., & Bol, L. (2019). Calibration and self-regulated learning: Making the connections. In J. Dunlosky & K. A. Rawson (Eds.), *The Cambridge handbook of cognition and education* (pp. 647–677). Cambridge University Press. https://doi.org/10.1017/9781108235631.026

Halliday, D. M., Epperson, A. E., & Song, A. V. (2019). Weight loss, obesity, and health. In T. A. Revenson & R. A. R. Gurung (Eds.), *Handbook of health psychology* (pp. 91–104). Routledge.

Hattie, J. (2015). The applicability of Visible Learning to higher education. *Scholarship of Teaching and Learning in Psychology, 1*(1), 79–91. https://doi.org/10.1037/stl0000021

Holliday, N. (2017, August 11). *Sydney Opera House failed project: What can you learn?* https://blog.beyondsoftware.com/learning-from-failed-projects-sydney-opera-house

Hong, W., Bernacki, M. L., & Perera, H. N. (2020). A latent profile analysis of undergraduates' achievement motivations and metacognitive behaviors, and their relations to achievement in science. *Journal of Educational Psychology, 112*(7), 1409–1430. https://doi.org/10.1037/edu0000445

Hoyt, L. T., Cohen, A. K., Dull, B., Maker Castro, E., & Yazdani, N. (2021). "Constant stress has become the new normal": Stress and anxiety inequalities among U.S. college students in the time of COVID-19. *Journal of Adolescent Health, 68*(2), 270–276. https://doi.org/10.1016/j.jadohealth.2020.10.030

James, W. (1890). *The principles of psychology: Vol. 2.* Henry Holt. https://doi.org/10.1037/11059-000

Kabat-Zinn, J. (2003). Mindfulness-based interventions in context: Past, present, and future. *Clinical Psychology: Science and Practice, 10*(2), 144–156. https://doi.org/10.1093/clipsy/bpg016

Karat, C. M., Halverson, C., Horn, D., & Karat, J. (1999). Patterns of entry and correction in large vocabulary continuous speech recognition systems. In *CHI '99: Proceedings of the SIGCHI conference on human factors in computing systems* (pp. 568–575). Association for Computing Machinery. https://doi.org/10.1145/302979.303160

Komarraju, M., & Nadler, D. (2013). Self-efficacy and academic achievement: Why do implicit beliefs, goals, and effort regulation matter? *Learning and Individual Differences, 25*, 67–72. https://doi.org/10.1016/j.lindif.2013.01.005

Kruger, J., & Dunning, D. (1999). Unskilled and unaware of it: How difficulties in recognizing one's own incompetence lead to inflated self-assessments. *Journal of Personality and Social Psychology, 77*(6), 1121–1134. https://doi.org/10.1037/0022-3514.77.6.1121

Lay, C. (1986). At last, my research article on procrastination. *Journal of Research in Personality, 20*(4), 474–495. https://doi.org/10.1016/0092-6566(86)90127-3

Lieberman, D. E. (2021). *Exercised: Why something we never evolved to do is healthy and rewarding.* Pantheon.

Lipson, S. K., Lattie, E. G., & Eisenberg, D. (2019). Increased rates of mental health service utilization by U.S. college students: 10-year population-level trends (2007–2017). *Psychiatric Services, 70*(1), 60–63. https://doi.org/10.1176/appi.ps.201800332

Luo, L., Kiewra, K. A., & Samuelson, L. (2016). Revising lecture notes: How revision, pauses, and partners affect note taking and achievement. *Instructional Science, 44*(1), 45–67. https://doi.org/10.1007/s11251-016-9370-4

Lutz, A., Slagter, H. A., Dunne, J. D., & Davidson, R. J. (2008). Attention regulation and monitoring in meditation. *Trends in Cognitive Sciences, 12*(4), 163–169. https://doi.org/10.1016/j.tics.2008.01.005

Mischel, W. (2014). *The Marshmallow Test: Mastering self-control*. Little, Brown.

Miyatsu, T., Nguyen, K., & McDaniel, M. A. (2018). Five popular study strategies: Their pitfalls and optimal implementations. *Perspectives on Psychological Science*, *13*(3), 390–407. https://doi.org/10.1177/1745691617710510

Morehead, K., Dunlosky, J., & Rawson, K. A. (2019). How much mightier is the pen than the keyboard for note-taking? A replication and extension of Mueller and Oppenheimer (2014). *Educational Psychology Review*, *31*(3), 753–780. https://doi.org/10.1007/s10648-019-09468-2

Morehead, K., Dunlosky, J., Rawson, K. A., Blasiman, R., & Hollis, R. B. (2019). Note-taking habits of 21st century college students: Implications for student learning, memory, and achievement. *Memory*, *27*(6), 807–819. https://doi.org/10.1080/09658211.2019.1569694

Morrison, A. B., Goolsarran, M., Rogers, S. L., & Jha, A. P. (2014). Taming a wandering attention: Short-form mindfulness training in student cohorts. *Frontiers in Human Neuroscience*, *7*, 897. https://doi.org/10.3389/fnhum.2013.00897

Mrazek, M. D., Franklin, M. S., Phillips, D. T., Baird, B., & Schooler, J. W. (2013). Mindfulness training improves working memory capacity and GRE performance while reducing mind wandering. *Psychological Science*, *24*(5), 776–781. https://doi.org/10.1177/0956797612459659

Mrazek, M. D., Smallwood, J., & Schooler, J. W. (2012). Mindfulness and mind-wandering: Finding convergence through opposing constructs. *Emotion*, *12*(3), 442–448. https://doi.org/10.1037/a0026678

Mueller, P. A., & Oppenheimer, D. M. (2014). The pen is mightier than the keyboard: Advantages of longhand over laptop note taking. *Psychological Science*, *25*(6), 1159–1168. https://doi.org/10.1177/0956797614524581

Paas, F. G. W. C., & van Merrienboer, J. G. (1994). Variability of worked examples and transfer of geometrical problem-solving skills: A cognitive-load approach. *Journal of Educational Psychology*, *86*(1), 122–133. https://doi.org/10.1037/0022-0663.86.1.122

Pashler, H., McDaniel, M., Rohrer, D., & Bjork, R. (2008). Learning styles: Concepts and evidence. *Psychological Science in the Public Interest*, *9*(3), 105–119. https://doi.org/10.1111/j.1539-6053.2009.01038.x

Pauk, W., & Ross, J. O. O. (2013). *How to study in college* (11th ed.). Cengage.

Peverly, S. T., & Wolf, A. D. (2019). Note-taking. In J. Dunlosky & K. A. Rawson (Eds.), *The Cambridge handbook of cognition and education* (pp. 320–355). Cambridge University Press. https://doi.org/10.1017/9781108235631.014

Pilcher, J. J., & Morris, D. M. (2020). Sleep and organizational behavior: Implications for workplace productivity and safety. *Frontiers in Psychology, 11*, 45. https://doi.org/10.3389/fpsyg.2020.00045

Pinxten, M., De Laet, T., Van Soom, C., Peeters, C., & Langie, G. (2019). Purposeful delay and academic achievement. A critical review of the Active Procrastination Scale. *Learning and Individual Differences, 73*, 42–51. https://doi.org/10.1016/j.lindif.2019.04.010

Pollan, M. (2007). *The omnivore's dilemma: A natural history of four meals*. Penguin.

Pomerance, L., Greenberg, J., & Walsh, K. (2016). *Learning about learning: What every new teacher needs to know*. National Council on Teaching Quality.

Putnam, A. L., Sungkhasettee, V. W., & Roediger, H. L., III. (2016). Optimizing learning in college: Tips from cognitive psychology. *Perspectives on Psychological Science, 11*(5), 652–660. https://doi.org/10.1177/1745691616645770

Ragan, E. D., Jennings, S. R., Massey, J. D., & Doolittle, P. E. (2014). Unregulated use of laptops over time in large lecture classes. *Computers & Education, 78*, 78–86. https://doi.org/10.1016/j.compedu.2014.05.002

Ramsburg, J. T., & Youmans, R. J. (2014). Meditation in the higher-education classroom: Meditation training improves student knowledge retention during lectures. *Mindfulness, 5*(4), 431–441. https://doi.org/10.1007/s12671-013-0199-5

Raver, S. A., & Maydosz, A. S. (2010). Impact of the provision and timing of instructor-provided notes on university students' learning. *Active Learning in Higher Education, 11*(3), 189–200. https://doi.org/10.1177/1469787410379682

Rawson, K. A., Dunlosky, J., & Sciartelli, S. M. (2013). The power of successive relearning: Improving performance on course exams and long-term retention. *Educational Psychology Review, 25*(4), 523–548. https://doi.org/10.1007/s10648-013-9240-4

Rawson, K. A., & Kintsch, W. (2005). Rereading effects depend on time of test. *Journal of Educational Psychology*, 97(1), 70–80. https://doi.org/10.1037/0022-0663.97.1.70

Robbins, S. B., Lauver, K., Le, H., Davis, D., Langley, R., & Carlstrom, A. (2004). Do psychosocial and study skill factors predict college outcomes? A meta-analysis. *Psychological Bulletin*, 130(2), 261–288. https://doi.org/10.1037/0033-2909.130.2.261

Robles, T. F., Mercado, E., Nooteboom, P., Price, J., & Romney, C. (2019). Biological processes of health. In T. A. Revenson & R. A. R. Gurung (Eds.), *Handbook of health psychology* (pp. 69–88). Routledge.

Roediger, H. L., III, Putnam, A. L. O., & Smith, M. A. (2011). Ten benefits of testing and their applications to educational practice. *Psychology of Learning and Motivation*, 55, 1–36. https://doi.org/10.1016/B978-0-12-387691-1.00001-6

Rohrer, D., Dedrick, R. F., Hartwig, M. K., & Cheung, C. (2020). A randomized controlled trial of interleaved mathematics practice. *Journal of Educational Psychology*, 112(1), 40–52. https://doi.org/10.1037/edu0000367

Schraw, G. (1998). Promoting general metacognition awareness. *Instructional Science*, 26(1-2), 113–125. https://doi.org/10.1023/A:1003044231033

Schraw, G., & Dennison, R. S. (1994). Assessing metacognitive awareness. *Contemporary Educational Psychology*, 19(4), 460–475. https://doi.org/10.1006/ceps.1994.1033

Senzaki, S., Hackathorn, J., Appleby, D. C., & Gurung, R. A. R. (2017). Reinventing flashcards to increase student learning. *Psychology Learning & Teaching*, 16(3), 353–368. https://doi.org/10.1177/1475725717719771

Tanner, K. D. (2012). Promoting student metacognition. *CBE Life Sciences Education*, 11(2), 113–120. https://doi.org/10.1187/cbe.12-03-0033

Taraban, R., Maki, W. S., & Rynearson, K. (1999). Measuring study time distributions: Implications for designing computer-based courses. *Behavior Research Methods, Instruments & Computers*, 31(2), 263–269. https://doi.org/10.3758/BF03207718

Thomas, R. C., Weywadt, C. R., Anderson, J. L., Martinez-Papponi, B., & McDaniel, M. A. (2018). Testing encourages transfer between factual and application questions in an online learning environment. *Journal of Applied Research in Memory and Cognition*, 7(2), 252–260. https://doi.org/10.1016/j.jarmac.2018.03.007

Troisi, J. D., & Gabriel, S. (2011). Chicken soup really is good for the soul: "Comfort food" fulfills the need to belong. *Psychological Science*, 22(6), 747–753. https://doi.org/10.1177/0956797611407931

Urry, H. L., Crittle, C. S., Floerke, V. A., Leonard, M. Z., Perry, C. S., III, Akdilek, N., Albert, E. R., Block, A. J., Bollinger, C. A., Bowers, E. M., Brody, R. S., Burk, K. C., Burnstein, A., Chan, A. K., Chan, P. C., Chang, L. J., Chen, E., Chiarawongse, C. P., Chin, G., . . . Zarrow, J. E. (2021). Don't ditch the laptop just yet: A direct replication of Mueller and Oppenheimer's (2014) Study 1 plus mini meta-analyses across similar studies. *Psychological Science*, 32(3), 326–339. https://doi.org/10.1177/0956797620965541

U.S. Department of Agriculture & U.S. Department of Health and Human Services. (2020, December). *Dietary guidelines for Americans, 2020–2025* (9th ed.). https://www.dietaryguidelines.gov/resources/2020-2025-dietary-guidelines-online-materials

U.S. Department of Health and Human Services. (2018). *Physical activity guidelines for Americans* (2nd ed.). https://health.gov/sites/default/files/2019-09/Physical_Activity_Guidelines_2nd_edition.pdf

van Gog, T., Rummel, N., & Renkl, A. (2019). Learning how to solve problems by studying examples. In J. Dunlosky & K. A. Rawson (Eds.), *The Cambridge handbook of cognition and education* (pp. 183–208). Cambridge University Press. https://doi.org/10.1017/9781108235631.009

Wang, A. Y., Thomas, M. H., & Ouellette, J. A. (1992). Keyword mnemonic and retention of second-language vocabulary words. *Journal of Educational Psychology*, 84(4), 520–528. https://doi.org/10.1037/0022-0663.84.4.520

Waters, L., Barsky, A., Ridd, A., & Allen, K. (2015). Contemplative education: A systematic, evidence-based review of the effect of meditation interventions in schools. *Educational Psychology Review*, 27(1), 103–134. https://doi.org/10.1007/s10648-014-9258-2

Weinstein, Y., Madan, C. R., & Sumeracki, M. A. (2018). Teaching the science of learning. *Cognitive Research: Principles and Implications*, 3(1), 2. https://doi.org/10.1186/s41235-017-0087-y

Wiseheart, M., Küpper-Tetzel, C. E., Weston, T., Kim, A. S. N., Kapler, I. V., & Foot-Seymour, V. (2019). Enhancing the quality of student learning using distributed practice. In J. Dunlosky & K. A. Rawson (Eds.),

The Cambridge handbook of cognition and education (pp. 550–584). Cambridge University Press.

Wong, L. (2014). *Essential study skills* (8th ed.). Cengage Learning.

Yamada, K., & Victor, T. L. (2012). The impact of mindful awareness practices on college student health, well-being, and capacity for learning: A pilot study. *Psychology Learning & Teaching, 11*(2), 139–145. https://doi.org/10.2304/plat.2012.11.2.139

Zeigler, D. W., Wang, C. C., Yoast, R. A., Dickinson, B. D., McCaffree, M. A., Robinowitz, C. B., Sterling, M. L.; Council on Scientific Affairs, American Medical Association. (2005). The neurocognitive effects of alcohol on adolescents and college students. *Preventive Medicine, 40*(1), 23–32. https://doi.org/10.1016/j.ypmed.2004.04.044

Zimmerman, B. J. (2008). Investigating self-regulation and motivation: Historical background, methodological developments, and future prospects. *American Educational Research Journal, 45*(1), 166–183. https://doi.org/10.3102/0002831207312909

像學霸一樣讀書
Study Like a Champ: The Psychology-Based Guide to "Grade A" Study Habits

作　　者	瑞根・古倫博士（Regan A. R. Gurung, PhD） 約翰・鄧洛斯基博士（John Dunlosky, PhD）
譯　　者	洪慧芳
主　　編	呂佳昀

總 編 輯	李映慧
執 行 長	陳旭華（steve@bookrep.com.tw）

出　　版	大牌出版 / 遠足文化事業股份有限公司
發　　行	遠足文化事業股份有限公司（讀書共和國出版集團）
地　　址	23141 新北市新店區民權路 108-2 號 9 樓
電　　話	+886-2-2218-1417
郵撥帳號	19504465 遠足文化事業股份有限公司

封面設計	萬勝安
排　　版	新鑫電腦排版工作室
印　　製	博創印藝文化事業有限公司
法律顧問	華洋法律事務所　蘇文生律師

定　　價	420 元
初　　版	2025 年 5 月

有著作權　侵害必究（缺頁或破損請寄回更換）
本書僅代表作者言論，不代表本公司／出版集團之立場與意見

Copyright © 2025 by Streamer Publishing, an imprint of Walkers Cultural Co., Ltd.
This Work was originally published in English under the title of: Study Like a Champ: The Psychology-Based Guide to "Grade A" Study Habits as publication of the American Psychological Association in the United States of America. Copyright © 2023 by the American Psychological Association (APA). The Work has been translated and republished in the Chinese Traditional language by permission of the APA. This translation cannot be republished or reproduced by any third party in any form without express written permission of the APA. No part of this publication may be reproduced or distributed in any form or by any means or stored in any database or retrieval system without prior permission of the APA.
This edition arranged with the American Psychological Association (APA). through BIG APPLE AGENCY, INC. LABUAN, MALAYSIA.
All rights reserved.

電子書 E-ISBN
978-626-7600-70-2（PDF）
978-626-7600-69-6（EPUB）

國家圖書館出版品預行編目資料

像學霸一樣讀書 / 瑞根・古倫博士（Regan A. R. Gurung）、約翰・鄧洛斯基博士（John Dunlosky）著 ; 洪慧芳 譯 . -- 初版 . -- 新北市 : 大牌出版，遠足文化事業股份有限公司發行, 2025.05
288 面 ; 14.8×21 公分
譯自 : Study like a champ : the psychology-based guide to "grade A" study habits.
ISBN 978-626-7600-71-9（平裝）
1. CST: 讀書法　2.CST: 學習方法